KB194590

인지건강 증진을 위한

두뇌 훈련

 탑클래스 두뇌발전소

탑클래스 두뇌발전소는 심신의학을 바탕으로 현대인들의 각종 두뇌 질환 및 건강한 두뇌 개발에 도움이 되고자 유튜브 채널 '탑클래스 두뇌발전소'를 운영하고 있다. 기억력, 집중력, 관찰력, 판단력, 언어능력 등 다양한 분야의 두뇌 훈련을 위한 두뇌게임을 비롯하여, 명상을 통한 두뇌 휴식법, 알면 도움 되는 유익한 건강 정보 등 약 1000개의 영상을 업로드하며 활동 중이다. 고령화 시대에 세계적으로 사회적 문제가 되고 있는 치매를 예방하기 위해, 두뇌 훈련 후 두뇌 휴식을 병행하는 프로그램을 고안하여, 따라 하면 누구나 스스로 치매를 예방할 수 있도록 하고 있다. 6만 명을 바라보는 구독자와 누적 조회 2100만 뷰를 넘기며, 더 많은 이들에게 바른 두뇌 건강법을 전달하기 위해 열정으로 노력하는 중이다. 즐거운 마음의 강력한 치유력을 믿는 탑클래스 두뇌발전소는 앞으로도 많은 이들이 즐거운 마음으로 치매 없는 삶을 영위할 수 있도록 최선을 다할 것이다.

대한치매협회

2016년 8월 네이버 밴드 '치매이야기'로 출발하여 치매로부터 자유로운 세상, 치매가 있어도 불편하지 않은 세상, 행복하고 존엄한 노년이 보장되는 세상을 만들고자 2019년 1월 대한치매협회를 정식 발족하였다. 가르치고 배우면서 서로 성장한다는 교학상장(教學相長)을 모토로 치매아카데미, 역량강화학교, 치매예방학교, 치매전문학교, 웰에이징학교, 웰다잉학교, 장기요양학교, 시니어비즈니스학교, 특별양성학교, 디지털역량강화학교, 심리상담학교, 치매예방마술, 역사인문학교실, 독서클럽, 연구분과, 자격과정 등의 각종 프로그램을 운영하였다. 치매 환자와 가족이 안심하고 살아갈 수 있는 인적·물적 환경을 조성하여 지역사회돌봄(커뮤니티케어)을 구축하고자 치매와 고령사회에 대한 양질의 정보를 제공하고 있으며, 온/오프라인 교육 및 학술 활동을 통한 치매 전문인력 양성, 배움과 나눔을 통한 치매에 대한 올바른 이해와 치매 인식개선 활동, 회원 간/기관 간/지역 간의 네트워크 강화와 활성화, 치매예방·치매돌봄·치매치료에 대한 비의료적 개입의 연구개발 및 보급에 적극적으로 임하고 있다.

치매이야기(고령사회) 밴드 http://band.us/@dementia
대한치매협회 홈페이지 http://www.dementia.kr
채널 모음 https://linktr.ee/k_dementia

시니어 에듀

인지건강 증진을 위한 두뇌 훈련

탑클래스 두뇌발전소·대한치매협회 공저

1

여름편

동양북스

책을 펴내며

요즘 주변을 돌아보면, 단순 건망증에도 '혹시 내가 치매는 아닐까?' 염려하는 사람들이 많습니다. 자연스러운 노화 현상인 기억력 감퇴나 신체 기능 저하일 수 있음에도 미리 걱정하고 두려워하는 이유는, 치매가 아직 발병 원인조차 명확히 밝혀지지 않은, 완치할 수 없는 병이기 때문입니다. 이는 치매 예방의 중요성이 강조되는 이유이기도 합니다.

치매를 예방하고 건강하게 두뇌를 발전시키기 위해서는 꾸준한 훈련을 통해 두뇌 세포를 활성화하고, 바른 휴식법으로 두뇌 능력을 강화하는 것이 중요합니다. 그리고 이러한 훈련에 앞서 무엇보다 중요한 것은, 하루하루 건강하게 변화하는 두뇌를 생각하며 즐거운 마음으로 훈련과 휴식에 임하는 것입니다. 이러한 즐거운 마음가짐은, 언제 나에게 올지 모를 치매에 대비하기 위해 노력한다는 마음가짐보다 훨씬 강력한 치유 효과를 발휘합니다.

이 책은 치매 예방의 핵심이 되는 두 가지, 두뇌 훈련(게임)과 두뇌 휴식(명상)을 중점으로 구성하여 두뇌 강화 효과가 극대화될 수 있도록 하였습니다.

첫 번째, 25가지 재밌는 두뇌 게임으로 이루어진 두뇌 훈련은, 반복과 집중을 통해 뇌에 건강한 자극을 줌으로써 신경세포의 기능을 향상하고, 세포 간 연결망인 시냅스를 활성화합니다. 기억력, 집중력, 관찰력, 판단력, 언어 능력, 계산 능력 등 인지 능력이 재밌는 게임을 하는 동안 체계적으로 발달할 수 있도록 구성하였습니다. 아름다운 색상의 예쁜 그림들로 이루어진 게임을 꾸준히 하다 보면 마음이 밝아지고, 힐링 되어 두뇌 건강 증진에 많은 도움이 됩니다.

두 번째, 쉬어가기 코너에 구성된 명언 명상으로 두뇌 휴식을 하면, 두뇌 훈련의 효과를 최대화할 수 있습니다. 처음 명상을 접하는 분도 천천히 순서대로 따라 하며 5분이라도 꾸준히 실천하면, 두뇌 휴식의 효과를 볼 수 있습니다. 출렁이는 물결이 잦아들면 고요해진 물속이 깨끗이 보이듯, 바른 휴식을 통해 잡념이 쉬어지면 두뇌의 모든 능력은 저절로 향상됩니다.

교재는 매월 1권, 총 12권으로 이루어져 있습니다. 봄, 여름, 가을, 겨울, 계절별로 두뇌 훈련 프로그램이 마무리될 수 있도록 구성하여, 성취감을 느끼며 두뇌 훈련을 지속할 수 있습니다. 총 25종류의 두뇌 게임과 추가적인 부가 활동이 수록되어 있어, 재밌게 게임을 하다 보면 자연스럽게 다방면의 인지 능력을 고루 향상하고, 한층 더 강화할 수 있습니다. 한 권의 책 안에서 난이도 조절을 통해 효율적으로 두뇌 능력을 개선할 수 있도록 유의하였습니다.

탑클래스 두뇌발전소는 두뇌 건강의 근본이 되는 심리적 치유와 함께 효과적으로 두뇌 능력을 향상하는 방법들을 모색하고, 연구해 오고 있습니다. 두뇌 게임을 통한 두뇌 훈련 후 휴식(명상)을 함으로써 두뇌 강화 효과를 극대화하는 프로그램을 고안하는 등 지속적인 연구를 거듭하며 치매 예방 및 모든 연령대의 두뇌 개발에 도움이 되길 바라는 마음을 담아 유튜브 채널 '탑클래스 두뇌발전소'를 운영하고 있습니다.

이 책을 작업하며, 치매로부터 자유로운 세상이 되길 바라는 희망을 나눌 수 있어 뜻깊고, 보람된 시간이었습니다. 좋은 기회를 제안해 주신 대한치매협회 조범훈 회장님과 협회 강사님들께 감사드리며, 이 교재의 출간이 많은 분들께 치매 없이 건강하고, 심신의 행복이 충만한 삶의 초석이 될 수 있기를 바랍니다.

탑클래스 두뇌발전소

이제 우리나라는 노인 1천만 명, 치매 환자 1백만 명 시대를 맞이하고 있습니다. 2000년 고령화 사회(aging society: 7%)에서 2017년 고령사회(aged society: 14%)를 거쳐, 이제 초고령사회(super aged society: 20%)에 진입했습니다.

고령화에 따라 많아지고 있는 치매는 뇌의 인지기능에 문제가 발생하는 대표적인 질환이라고 할 수 있습니다. 치매는 여러 가지 다양한 원인으로 뇌기능이 손상되어 후천적으로 인지력에 문제가 생기는 질환입니다. 노년에 가장 두려워하는 질환이 치매라고 합니다.

인간에게 가장 중요한 기능 중 하나는 '인지(認知, cognition) 능력'이라고 할 수 있습니다. 사람에 따라서 조금씩 다를 수는 있겠지만 나이가 들어감에 따라 인지기능은 노화과정과 더불어 점차 감퇴하는 경향이 있습니다.

인지력 저하가 되지 않도록 예방하는 것이 무엇보다 중요하며, 만약 치매에 걸렸다면 진행 속도를 최대한 늦추는 것이 필요합니다. 이를 위해서는 적극적이고 꾸준한 두뇌 활동을 해야 합니다. 용불용설(用不用說), 뇌는 자극하고 사용하면 사용할수록 더 건강해질 수 있기 때문입니다.

치매가 진단되어 어려움을 겪는 어르신들은 물론, 인지기능이 약해지신 분들, 건강한 어르신들의 평소 꾸준하고 적극적인 두뇌 활동을 통해 뇌의 예비용량을 키워두면 인지 건강을 유지, 향상할 수 있습니다.

본 교재는 舊노년뿐만 아니라 베이비부머 등 新노년의 눈높이에 맞는 세련되고 신세대적 감각의 디자인으로 춘하추동, 봄/여름/가을/겨울 4계절을 주제로 하는 내용과 그림으로 구성하였습니다.

치매로부터 자유로운 세상, 치매가 있어도 불편하지 않은 세상, 행복하고 존엄한 노년이 보장되는 세상이 되기를 희망합니다.

대한치매협회 회장 / 치매이야기 대표

조범훈 사회복지학 박사

인지건강 증진을 위한 **두뇌 훈련**

차례

차례

4주

교재와 함께 즐기는
〈탑클래스 두뇌발전소〉 유튜브 두뇌 건강 게임

지각력과 집중력을 높이는
다른 그림 찾기

시공간 능력과 관찰력을 향상시키는
숨은 그림 찾기

1 나를 소개해 봐요

안녕하세요. 오늘도 즐거운 두뇌 훈련을 하고 계시군요.
만나서 반가워요. 제 이름은 정다행이랍니다.

내 이름: ____________________

내가 태어난 연도: ____________________ 년

2 순서대로 기억해 봐요

월 일 요일

순서 맞히기

기억력

아래 숫자를 순서대로 잘 기억해 주세요. 뒷장에 퀴즈가 있습니다.

5832

10초가 지났어요. 천천히 페이지를 넘겨 보세요.

2 관찰한 것을 기억해 봐요

퀴즈 앞서 관찰한 숫자를 순서대로 잘 배열한 것은 어느 것일까요?

① 2835

② 2853

③ 5823

④ 5832

3 숨은 낱말을 찾아봐요

낱말 찾기

언어력

시원한 바닷가에 낱말 한 개가 숨어 있어요. 과일 이름 낱말 한 개를 찾아 써 보세요.

딸 자 수

숭 복 플

파 박 인

과일 이름: ____________________

4 숨은 그림을 찾아봐요

숨은 그림 찾기

알록달록 다양한 슬리퍼가 많이 있어요. 아래 슬리퍼와 같은 것을 오른쪽 페이지에서 찾아 ○해 보세요.

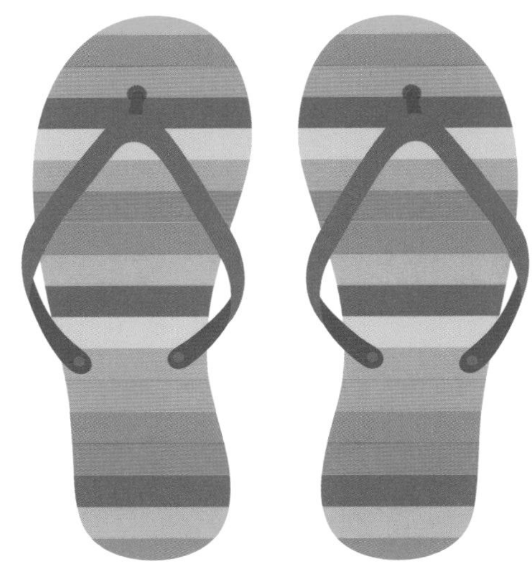

아래와 같은 모양의 슬리퍼를 오른쪽 페이지에서 찾아 색이 없는 부분을 똑같이 칠해 봐요.

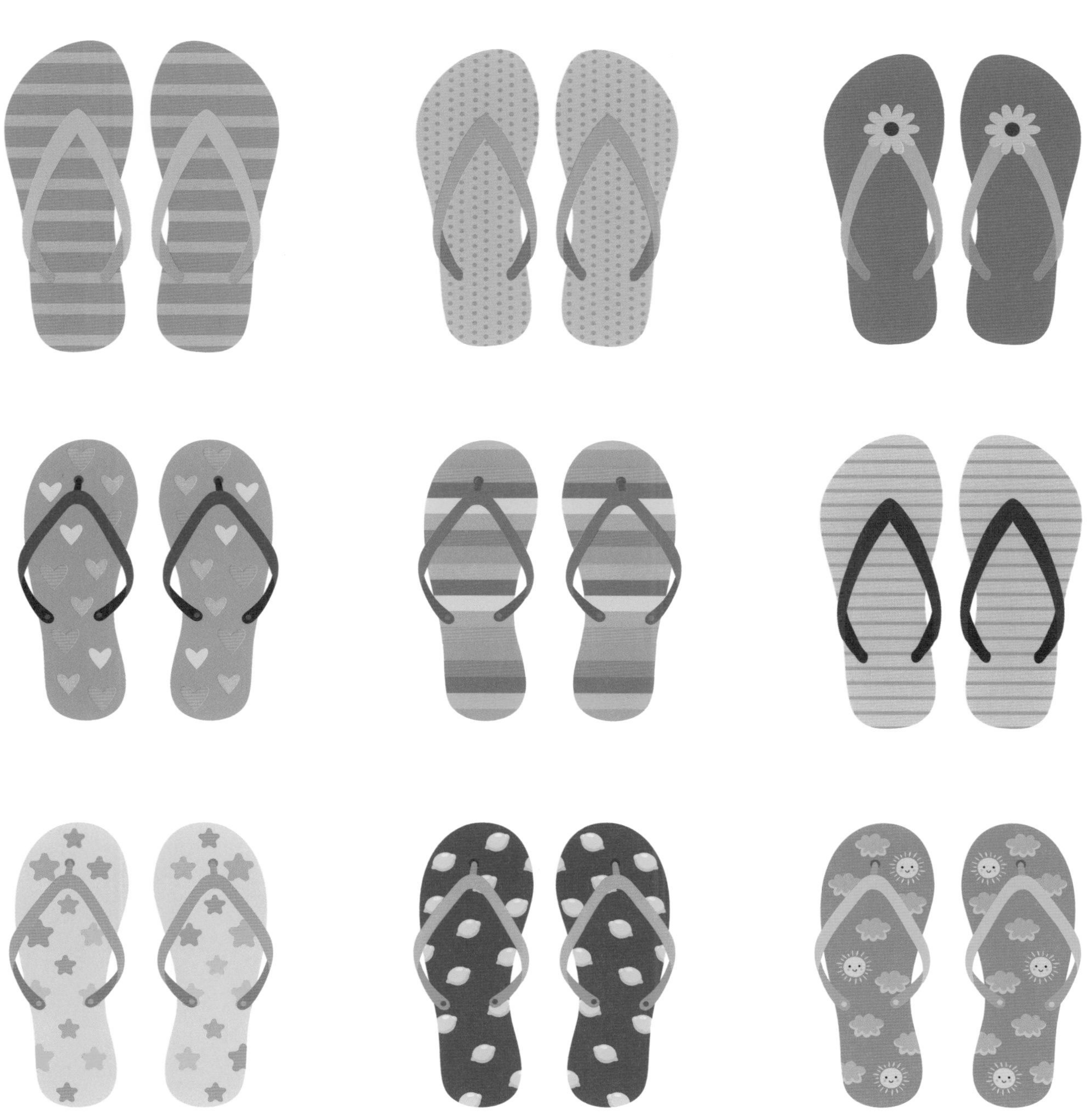

월 일 요일

5 수를 순서대로 짚어 봐요

숫자 빨리 짚기

순발력

1~9의 수가 있습니다. 큰 수부터 순서대로 빠른 시간 내에 짚어 보세요.

4	3	8
6	9	1
2	5	7

6 다른 그림을 찾아봐요

다른 그림 찾기

집중력

먹음직스러운 빨간 산딸기가 많이 있어요. 다른 그림 한 개를 찾아보세요.

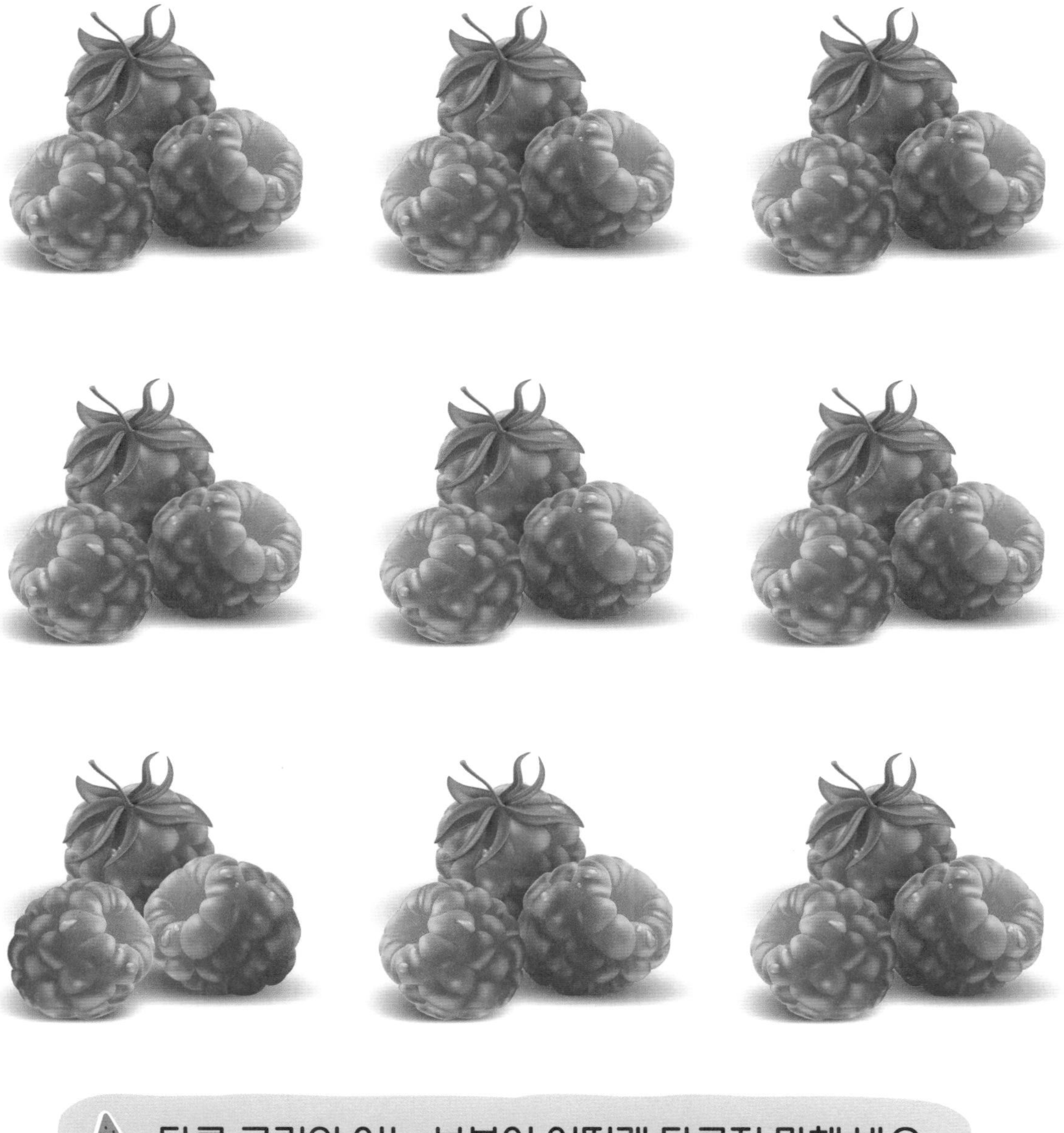

다른 그림의 어느 부분이 어떻게 다른지 말해 봐요.

7 초성을 보고 낱말을 맞혀 봐요

초성 게임

언어력

두 가지 채소 이름의 초성이 있어요. 아래 글자를 보고 채소 이름을 맞게 써 보세요.

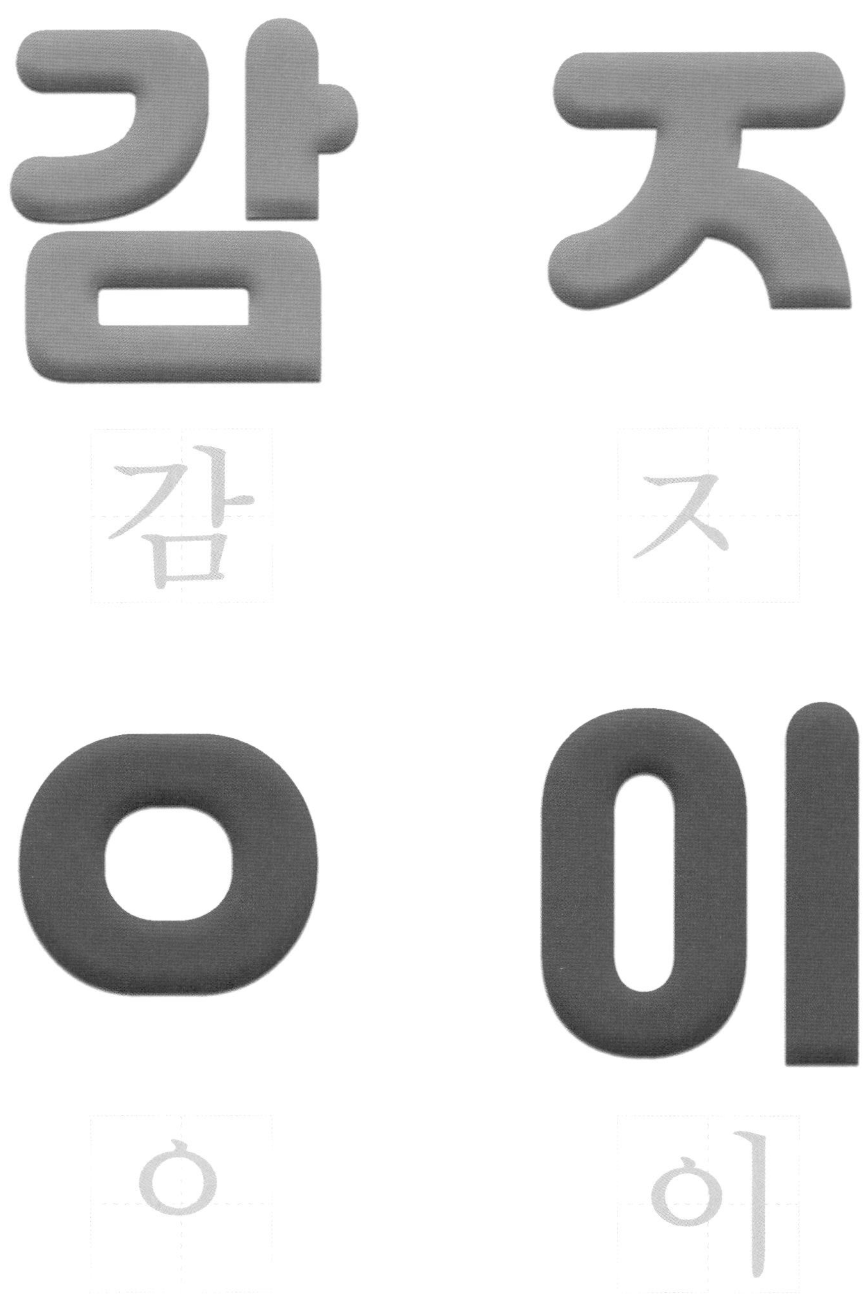

8 길을 찾아 미로를 탈출해 봐요

미로 찾기

공간지각력

반짝이는 물결을 바라보며 소풍을 즐기는 사람들이 미로를 만났어요. 출발에서 도착까지 길을 찾아 탈출해 보세요.

출발

도착

월 일 요일

9 같은 그림을 찾아봐요

같은 그림 찾기

집중력

다양한 색의 아기코끼리들이 함께 모여 있어요. 같은 코끼리 두 마리를 찾아 ○해 보세요.

월 일 요일

10 숨은 낱말을 찾아봐요

낱말 찾기

언어력

예쁜 꽃밭 속에 낱말 한 개가 숨어 있어요. 동물 이름 낱말 한 개를 찾아 써 보세요.

동물 이름: ____________________

11 얼마인지 맞혀 봐요

월 일 요일

계산력

화폐 퀴즈

여러 종류의 지폐와 동전이 있어요. 아래 질문에 답을 써 보세요.

1 모두 합하면 얼마인가요? ____________________ 원

2 지폐는 모두 몇 장인가요? ____________________ 장

월 일 요일

초성 게임

12 초성을 보고 낱말을 맞혀 봐요

언어력

두 가지 곤충 이름의 초성이 있어요. 아래 글자를 보고 곤충 이름을 맞게 써 보세요.

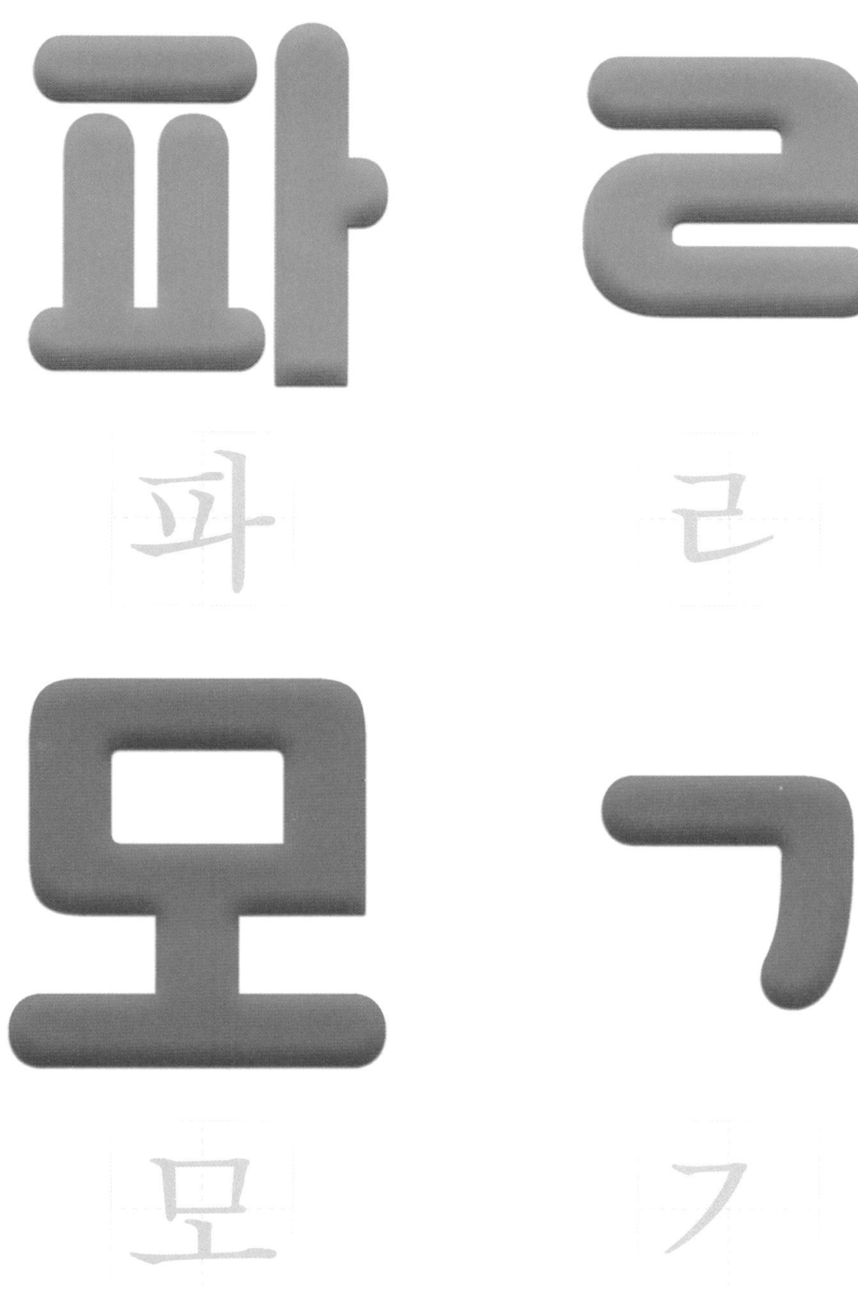

13 서로 다른 곳을 찾아봐요

서로 다른 곳 찾기

파릇파릇 예쁜 분홍색 꽃이 피어 있어요. 서로 다른 두 곳을 찾아 ○해 보세요.

붉은색 꽃 이름 두 가지를 말해 봐요.

14 숨은 그림을 찾아봐요

숨은 그림 찾기

여름에 사용하는 다양한 색과 모양의 부채가 많이 있어요.
아래 부채와 같은 것을 오른쪽 페이지에서 찾아 ○해 보세요.

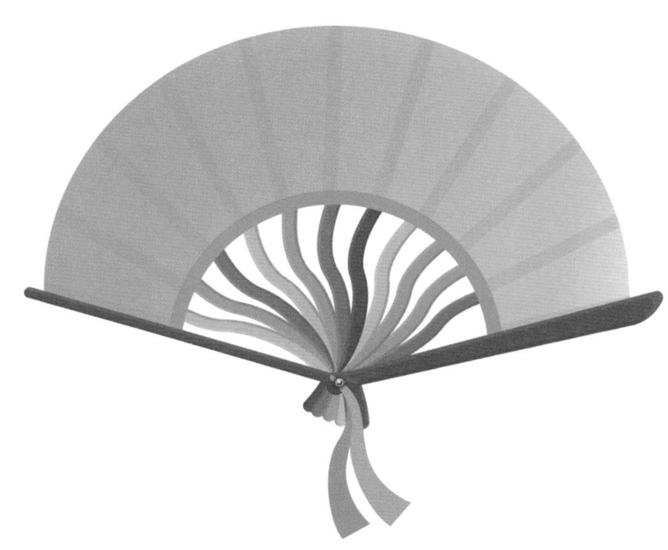

숫자 옆의 점들을 작은 수부터 순서대로 이어서 그림을 완성해 보세요.

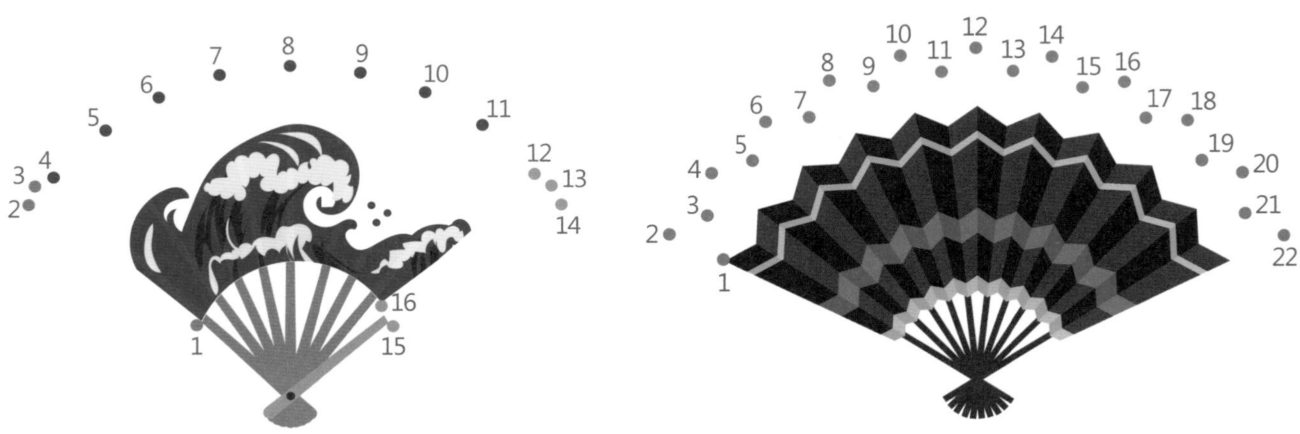

15 없는 수를 찾아봐요

수리력

없는 수 찾기

1~10의 수가 있어요. 없는 수 한 개를 찾아보세요.

01 02 03

04 05 06

07 09 10

짝수는 모두 몇 개인가요?

명언 명상
동영상

두뇌 휴식을 위한

명언 명상

명언 명상은 자연의 소리와 함께
명언을 들으며 두뇌를 휴식하는 명상입니다.
방 안의 불을 켜면 어둠은 자연히 일시에 사라지듯,
명언을 3번 반복해서 듣는 동안 마음은 밝아지고, 편안해집니다.
명상을 하면 뇌파는 알파파, 세타파로 변하여
통찰력, 기억력 등 모든 두뇌의 능력이 향상됩니다.

명상하기

1

편안한 자세로 척추를 펴고 앉습니다.
허리와 어깨의 긴장을 풀어 봅니다.
앉는 자세가 힘드신 분은 눕거나
기대셔도 좋습니다. 누워서 하시는 분은
잠들지 않도록 유의합니다.

2

고개를 앞, 뒤, 좌우로 천천히 돌려
목의 긴장을 풉니다. 눈을 살며시 감고,
눈썹과 눈썹 사이 미간의 긴장을
풀어 봅니다.

3

온몸을 편안하게 이완하는 심호흡을
해 봅니다. 코로 숨을 깊이 들이쉬고,
입으로 숨을 천천히 내쉽니다.
코로 숨을 들이쉴 때는 아랫배가 나오고,
입으로 숨을 내쉴 때는 아랫배가
들어갑니다. 3번 반복합니다.
심호흡 후엔 자연스럽게 호흡합니다.

4

자연의 소리와 함께 명언을 들으며
휴식해 봅니다. 명언을 들을 때
잡념으로 인해 집중되지 않더라도
상관하지 않습니다. 알아차리는 순간,
다시 명언을 듣는 데 집중할 뿐 따로
생각을 없애려 하지 않습니다.

5

명언을 기억하려 노력하지 않아도 됩니다. 3번 반복을 통해 지혜는 밝아지고, 자연히 두뇌가 휴식합니다.

6

처음엔 하루 1개의 명언 명상도 좋습니다. 내가 부담 없이 편안히 할 수 있는 시간부터 조금씩 늘려 갑니다. 한 번에 긴 시간을 불규칙적으로 하기보다 매일 짧은 시간이라도 규칙적으로 하는 것이 더 효과적입니다.

오늘의 명언

물 위에 손을 가만히 얹어놓아 보아라.
손이 저절로 물속으로 가라앉을 것이다.
그러나 물을 손바닥으로 강하게 내리쳐 보아라.
물이 강하게 거부해 손이 물을 뚫고 들어가지
못할 것이다.
사람이 이와 같은 원리를 잘 알아서
모든 일을 지혜롭게 대처해 가면
해결되지 않을 일이 없다.

- <도가귀감>

2주
교재와 함께 즐기는
〈탑클래스 두뇌발전소〉 유튜브 두뇌 건강 게임
관찰력과 주의력을 향상시키는
서로 다른 곳 찾기
판단력과 집중력을 높이는
같은 그림 찾기

1 날짜와 요일을 말해 봐요

요즘은 시간이 부쩍 빨리 흐르는 것 같아요. 달력을 확인하지 않으면 오늘이 며칠인지 깜박한답니다.

오늘: ________월 ________일 ________요일

2 조각을 찾아 퍼즐을 완성해 봐요

퍼즐 맞추기

공간지각력

알록달록 예쁜 물고기들이 있는 바닷속이네요. 가려진 부분에 들어갈 조각은 몇 번인가요?

3 숨은 그림을 찾아봐요

다양한 모습의 귀여운 고양이들이 많이 있어요. 아래와 같은 고양이들을 오른쪽 페이지에서 찾아 ○해 보세요.

z-Z-Z

4 숨은 낱말을 찾아봐요

낱말 찾기

언어력

파도치는 바다 위에 세 글자 낱말 한 개가 숨어 있어요.
음식 이름 낱말 한 개를 찾아 써 보세요.

늘	꼬	판
삼	박	이
계	라	탕

음식 이름: ____________________

수를 순서대로 짚어 봐요

1~9의 수가 있습니다. 작은 수부터 순서대로 빠른 시간 내에 짚어 보세요.

6 다른 그림을 찾아봐요

다른 그림 찾기

집중력

알록달록 예쁜 부채가 있어요. 다른 부채 한 개를 찾아 ○해 보세요.

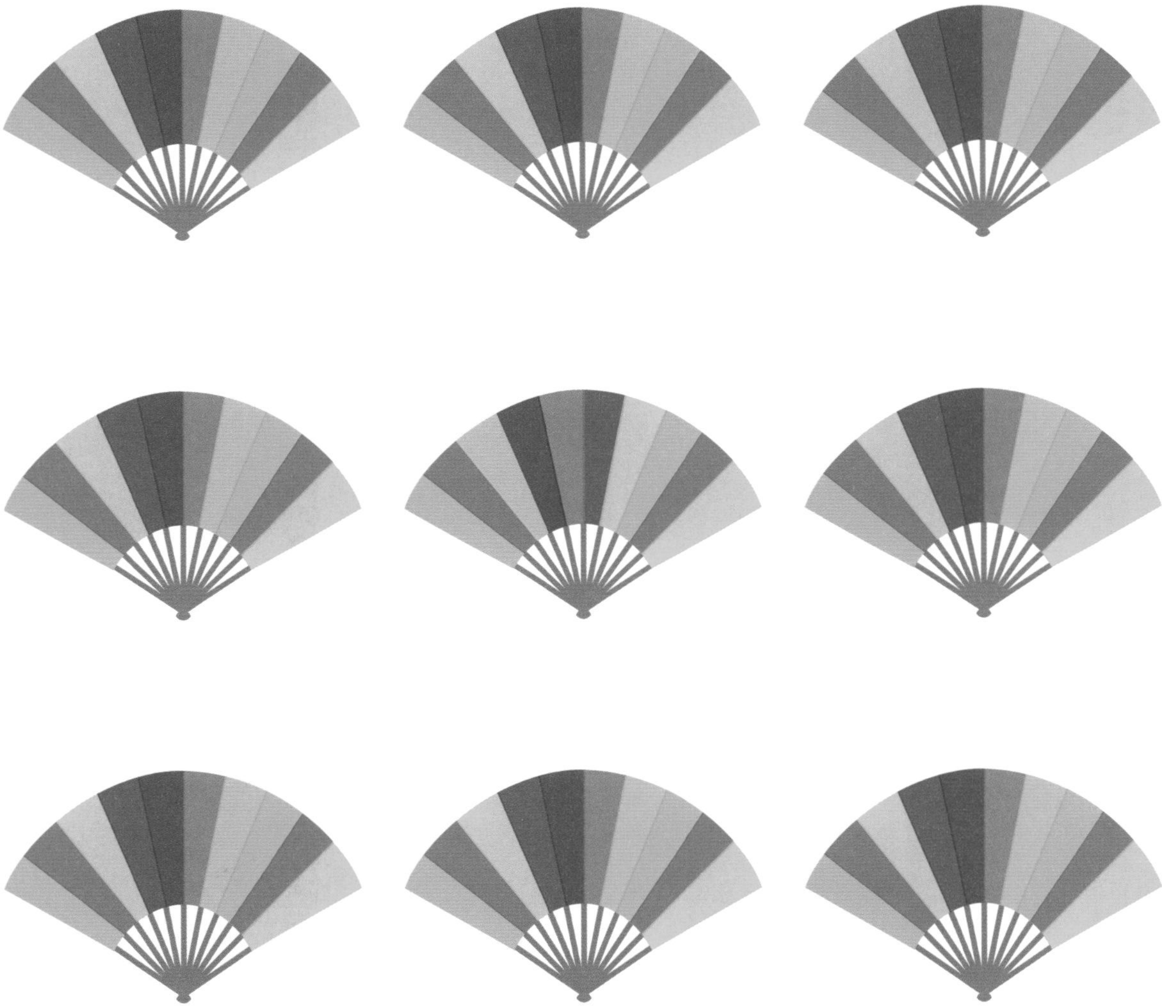

여름에 더위를 식히기 위해 사용하는 물건들을 아는 만큼 말해 봐요.

자세히 관찰하고 기억해 봐요

아래 그림을 잘 관찰해 주세요. 뒷장에 퀴즈가 있습니다.

30초가 지났어요. 천천히 페이지를 넘겨 보세요.

7 관찰한 것을 기억해 봐요

앞서 관찰한 그림에서 이 치마를 입고 있었던 사람은 누구일까요?

8 첫 글자를 보고 낱말을 맞혀 봐요

언어력

'보'로 시작하는 낱말 3개를 적어 보세요.

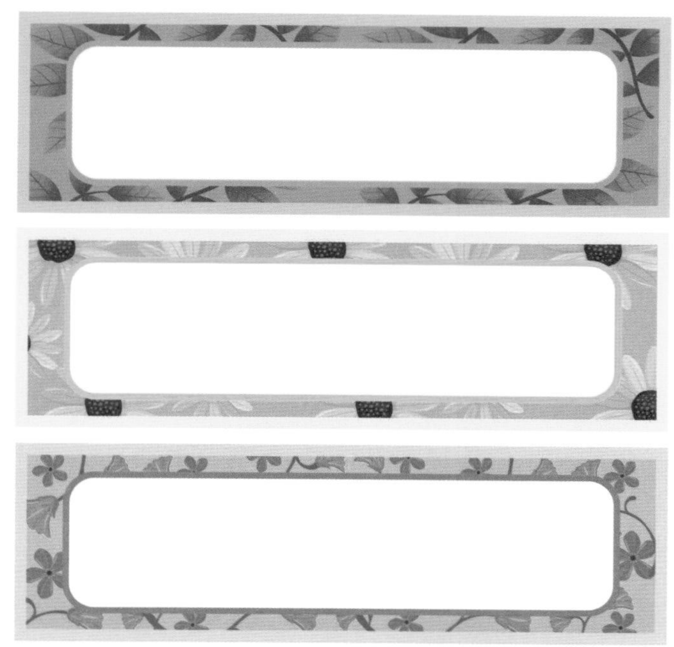

'다'로 시작하는 낱말 3개를 적어 보세요.

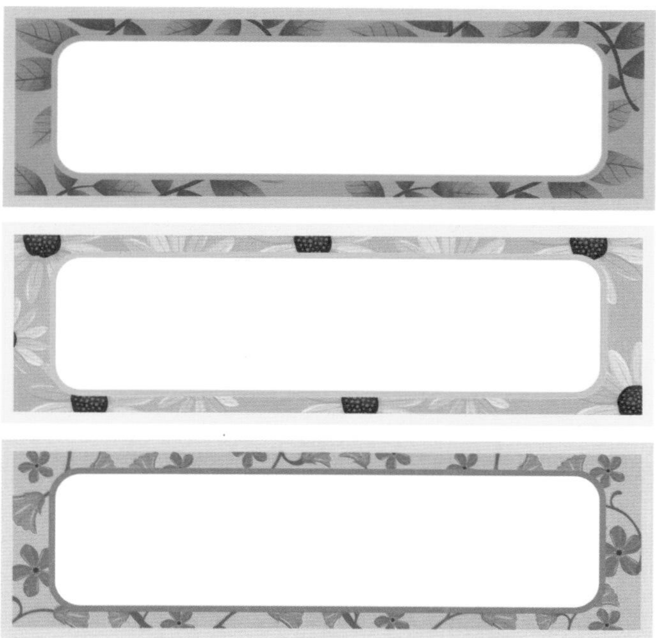

9 같은 그림을 찾아봐요

같은 그림 찾기

집중력

알록달록 예쁜 우산이 많이 있어요. 같은 우산 두 개를 찾아 ○해 보세요.

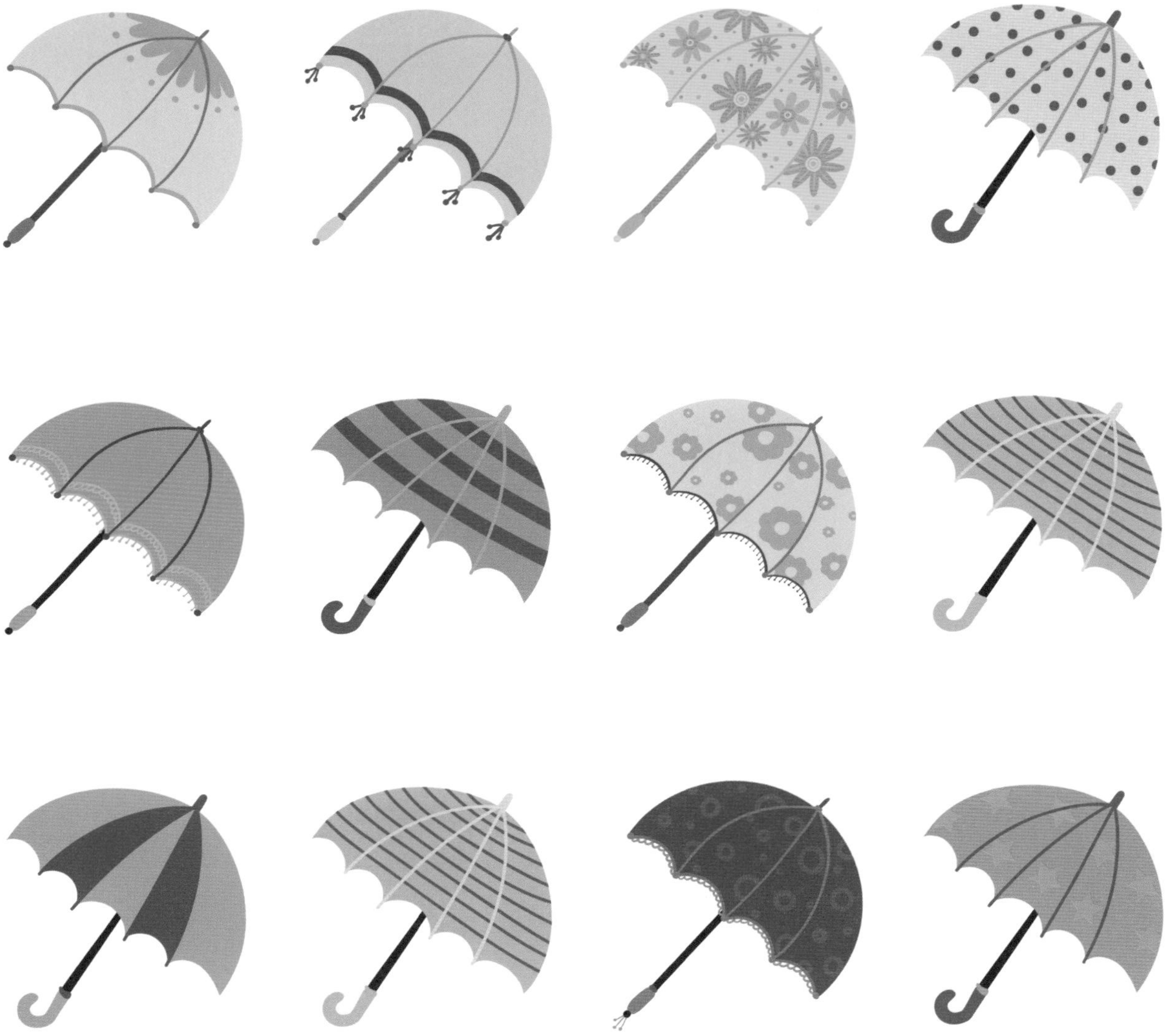

10 숨은 낱말을 찾아봐요

낱말 찾기

언어력

예쁜 하늘과 멋진 풍경 속에 낱말 한 개가 숨어 있어요.
곤충 이름 낱말 한 개를 찾아 써 보세요.

사	기	송
라	귀	메
뚜	매	뎅

곤충 이름: ____________________

11 서로 다른 곳을 찾아봐요

욕실에 다양한 물건들이 있어요. 서로 다른 두 곳을 찾아 ○해 보세요.

나의 욕실에서 주로 사용하는 수건은 무슨 색인가요?

12 순서대로 계산해 봐요

계산 기차놀이

계산력

길을 따라 순서대로 계산하여 빈칸을 채워 보세요.

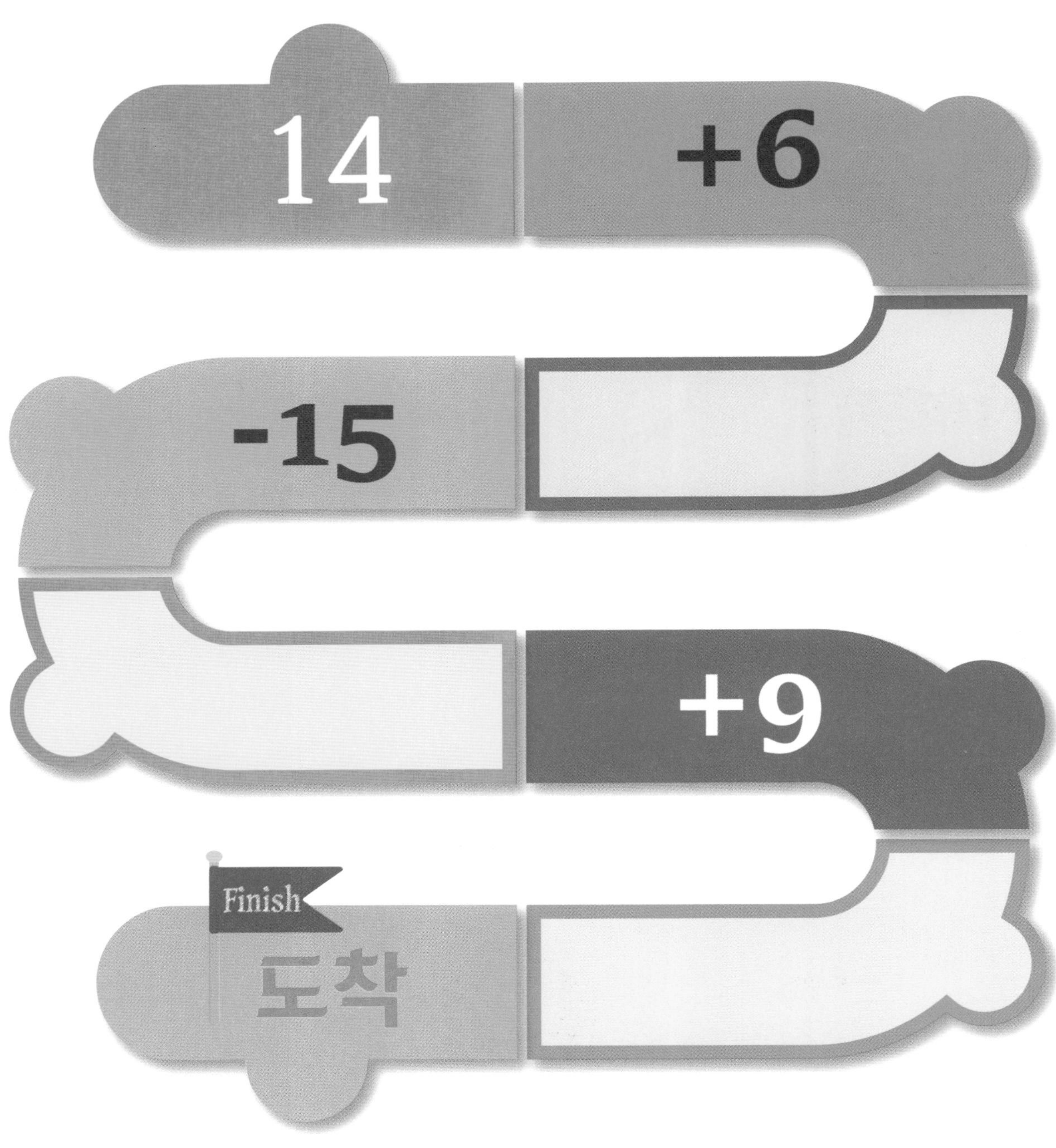

13 순서대로 기억해 봐요

순서 맞히기

기억력

아래 그림과 순서를 잘 관찰하여 기억해 주세요. 뒷장에 퀴즈가 있습니다.

20초가 지났어요. 천천히 페이지를 넘겨 보세요.

퀴즈 앞서 관찰한 그림을 순서대로 잘 배열한 것은 어느 것일까요?

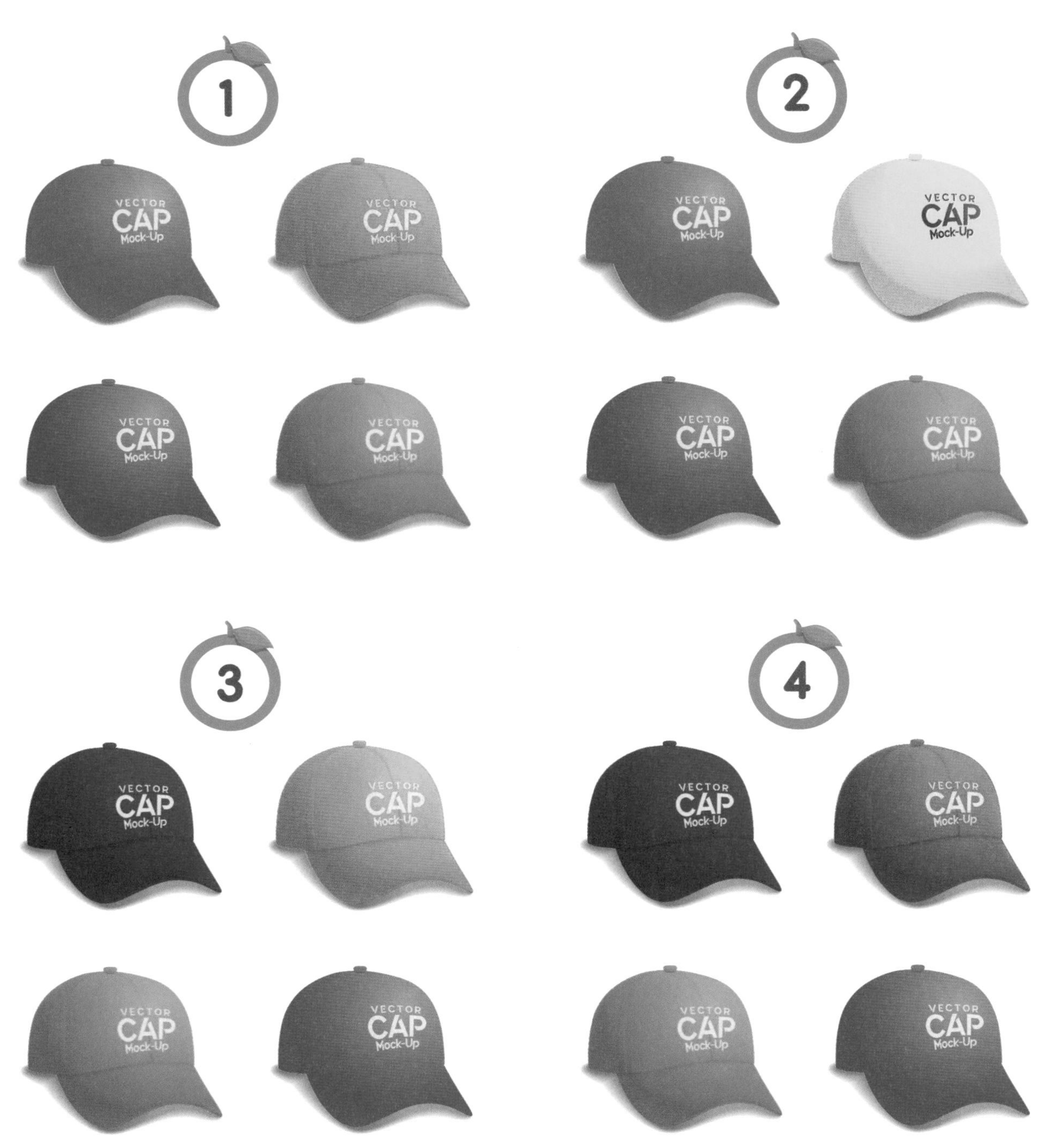

월 일 요일

14 초성을 보고 낱말을 맞혀 봐요

초성 게임

언어력

여름과 관계되는 두 가지 낱말의 초성이 있어요. 아래 글자를 보고 여름과 관계되는 낱말을 맞게 써 보세요.

폭 ㅇ

폭 ㅇ

ㅁ 더 ㅇ

ㅁ 더 ㅇ

15 숨은 그림을 찾아봐요

숨은 그림 찾기

새콤달콤 맛있는 과일이 많이 있어요. 아래 그림과 같은 과일을 오른쪽 페이지에서 찾아 ○해 보세요.

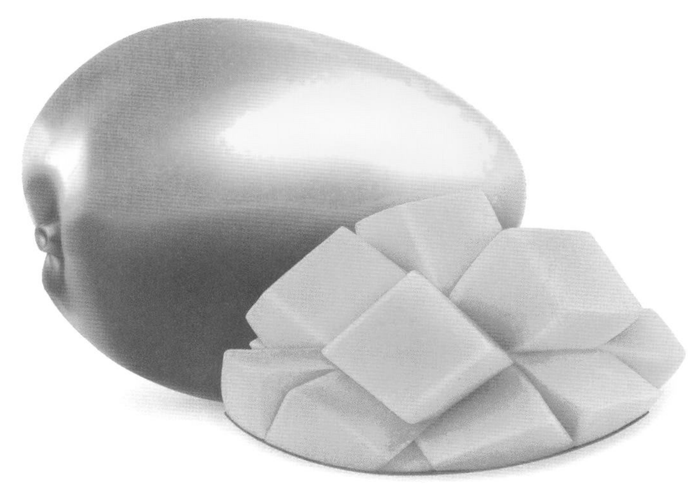

아래 그림은 어떤 것의 일부인지 해당하는 과일들을 오른쪽 페이지에서 찾아보세요.

보는 것만으로 좋아진 치매

노인 간호 분야의 세계적인 권위자인 퍼듀대학교 낸시 에드워즈 교수는 치매 환자를 대상으로 한 실험에서 놀라운 결과가 믿기지 않았습니다.

실험은 아주 간단했습니다. 치매 환자들이 있는 요양원 식당에 수족관을 설치하여 예쁜 빛깔의 물고기들을 넣어 둔 것이 전부였습니다. 큰 기대 없이 환자의 변화를 보기 위한 실험이었는데 결과는 예상외로 놀라웠습니다. 말을 하지 않던 무기력한 치매 환자가 말을 하고, 식사가 어려울 정도로 산만하고 소리를 지르던 환자들이 차분하고 안정적으로 변했던 것입니다. 환자들의 스트레스 호르몬 수치도 내려간 것으로 나타났습니다. 단지 움직이는 아름다운 물고기를 본 것이 전부일 뿐인데 말입니다.

보는 것으로 몸을 변화시킨다는 사실은 또 다른 실험을 통해 알 수 있습니다. 뇌졸중 재활 분야에서 세계적으로 손꼽히는 독일 슐레스비히홀슈타인 병원 연구팀은 제대로 움직이지 못하는 중풍 환자에게 자유롭게 움직이는 건강한 사람들의 일상을 4주간 지켜보게 하였습니다. 그 후, 환자의 뇌를 촬영한 결과 손상된 영역의 뇌가 빠른 속도로 재생되고 있음을 알 수 있었습니다.

단지 보는 것만으로 몸이 반응하는 것은 사진 한 장을 통해서도 마찬가지입니다. 웨일스 대학교의 연구 결과에 따르면, 축구선수 사진을 보기만 해도 다리 근육을 관장하는 뇌의 영역이 활성화됨을 알 수 있었습니다.

듣는 것은 어떨까요? 파르마 대학교 연구팀은 실험에서 참가자들이 손동작을 묘사한 말을 들을 때, 손동작을 관장하는 뇌의 영역이 활성화됨을 알 수 있었습니다.

내가 무엇을 보고, 듣고, 말하고, 생각하느냐는 우리의 건강을 결정하고, 변화시킨다는 것을 알 수 있습니다.

3주
교재와 함께 즐기는
〈탑클래스 두뇌발전소〉 유튜브 두뇌 건강 게임
기억력과 주의집중력을 높이는
기억력 게임
언어력과 기억력을 강화하는
초성 게임

1 가족을 소개해 봐요

월 일 요일

사람인지력

저는 오늘 막내아들 강건이의 생일이라 큰딸 행복이와 함께 막내아들 집에 다녀왔어요.

가족 이름: ______________________, ______________________

2 순서대로 기억해 봐요

아래 그림과 순서를 잘 관찰하여 기억해 주세요. 뒷장에 퀴즈가 있습니다.

20초가 지났어요. 천천히 페이지를 넘겨 보세요.

2 관찰한 것을 기억해 봐요

퀴즈 앞서 관찰한 그림을 순서대로 잘 배열한 것은 어느 것일까요?

①

②

③

④

3 숨은 낱말을 찾아봐요

푸른 들판이 펼쳐진 멋진 풍경 속에 세 글자 낱말 한 개가 숨어 있어요. 여름과 관련된 낱말 한 개를 찾아 써 보세요.

기	에	컨
부	풍	이
선	림	스

여름과 관련된 낱말: ______________________

4 숨은 그림을 찾아봐요

알록달록 다양한 수건이 많이 있어요. 아래 수건과 같은 것을 오른쪽 페이지에서 찾아 ○해 보세요.

숫자 옆의 점들을 작은 수부터 순서대로 이어서 그림을 완성해 보세요.

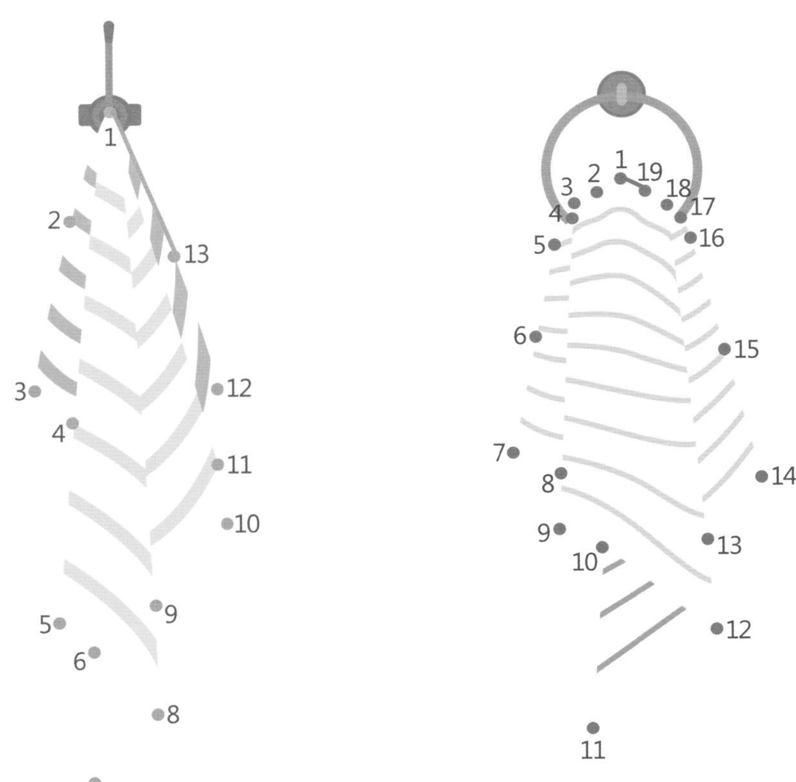

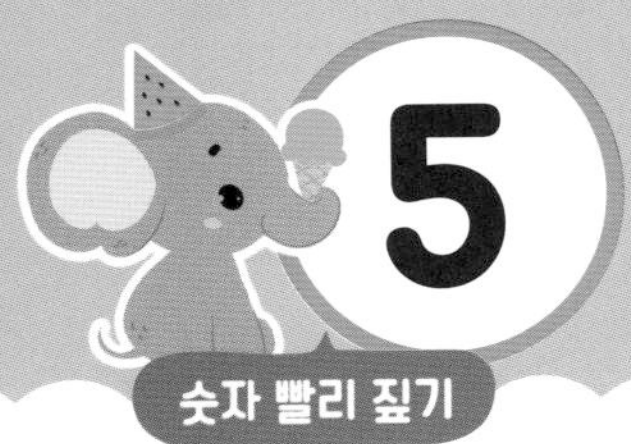

월 일 요일

5 수를 순서대로 짚어 봐요

숫자 빨리 짚기

순발력

16~27의 수가 있습니다. 큰 수부터 순서대로 빠른 시간 내에 짚어 보세요.

16	27	21	25
22	24	17	20
19	18	26	23

6 다른 그림을 찾아봐요

월 일 요일

집중력

옷을 다릴 때 사용하는 다리미가 많이 있어요. 다른 다리미 두 개를 찾아보세요.

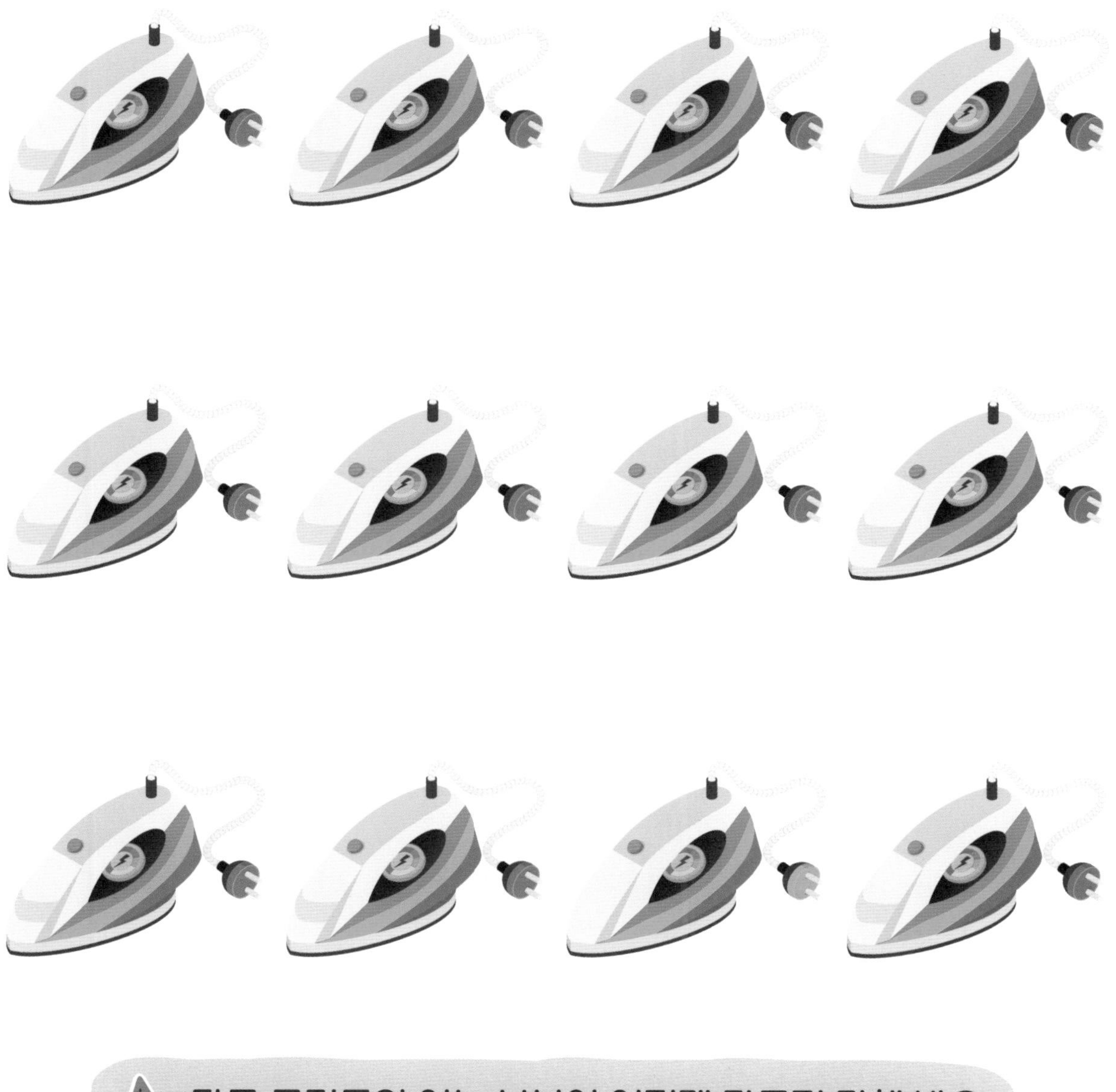

다른 그림들의 어느 부분이 어떻게 다른지 말해 봐요.

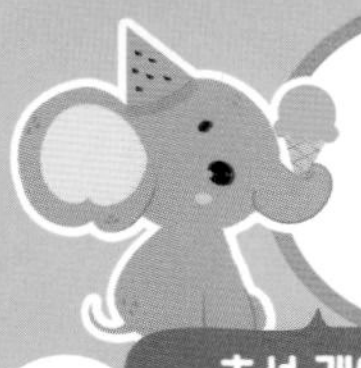

월 일 요일

7 초성을 보고 낱말을 맞혀 봐요

언어력

초성 게임

두 가지 꽃 이름의 초성이 있어요. 아래 글자를 보고 꽃 이름을 맞게 써 보세요.

ㅈ 미

ㅈ		미

ㅊ 송 ㅎ

ㅊ	송	ㅎ

8 길을 찾아 미로를 탈출해 봐요

미로 찾기

공간지각력

친구들과 여름휴가를 즐기던 중 미로를 만났어요. 출발에서 도착까지 길을 찾아 탈출해 보세요.

출발

도착

9 같은 그림을 찾아봐요

같은 그림 찾기

집중력

다양한 색의 멋진 보석함이 많이 있어요. 같은 그림 두 개씩 두 쌍을 짝지어 보세요.

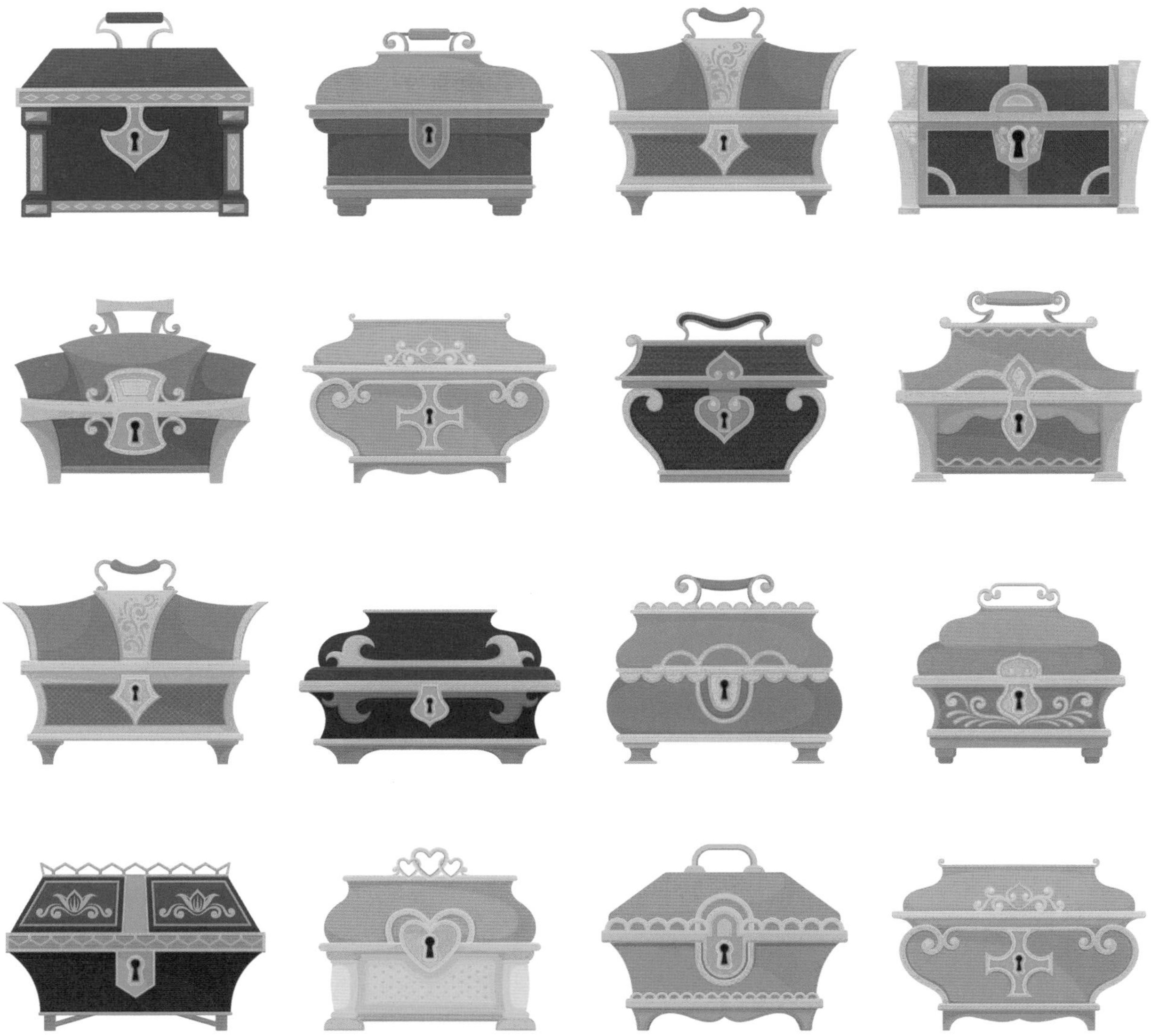

10 숨은 낱말을 찾아봐요

낱말 찾기

언어력

예쁜 보라색 꽃밭에 낱말 한 개가 숨어 있어요. 꽃 이름 낱말 한 개를 찾아 써 보세요.

봉	장	선
리	개	달
진	화	쑥

꽃 이름: ____________________

11 화폐로 물건을 구매해 봐요

화폐 퀴즈

계산력

날씨가 더워져 탑클래스 에어컨을 구매하러 왔어요. 가격에 맞는 지폐 수를 적어 보세요.

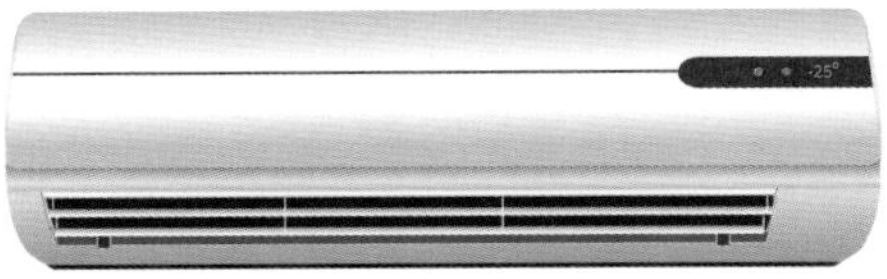

탑클래스 에어컨	458,000원

화폐	수
50000	8 장
10000	장
 5000	1 장
 1000	2 장
500	2 개

12 초성을 보고 낱말을 맞혀 봐요

초성 게임

두 가지 탈것 이름의 초성이 있어요. 아래 글자를 보고 탈것 이름을 맞게 써 보세요.

13 서로 다른 곳을 찾아봐요

서로 다른 곳 찾기

바닷가로 놀러 온 친구들과 함께 사진을 찍고 있어요. 서로 다른 두 곳을 찾아 ○해 보세요.

양쪽 그림에 있는 음료는 모두 몇 잔인가요?

14 숨은 그림을 찾아봐요

숨은 그림 찾기

다양한 주방기구와 가전제품들이 진열되어 있어요. 아래 물건과 같은 것을 오른쪽 페이지에서 찾아 ○해 보세요.

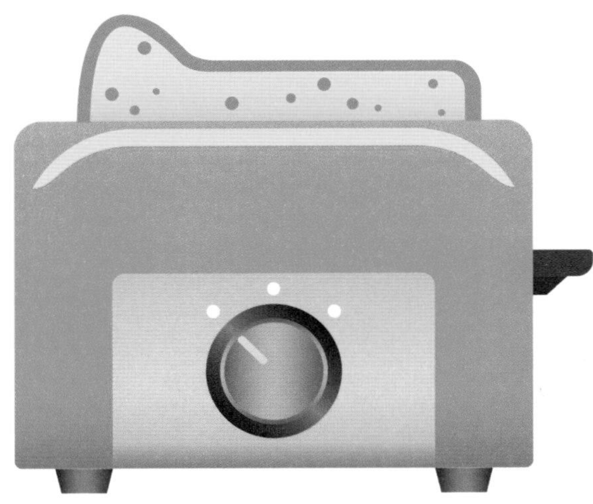

아래와 같은 모양의 물건을 오른쪽 페이지에서 찾아 색이 없는 부분을 똑같이 칠해 봐요.

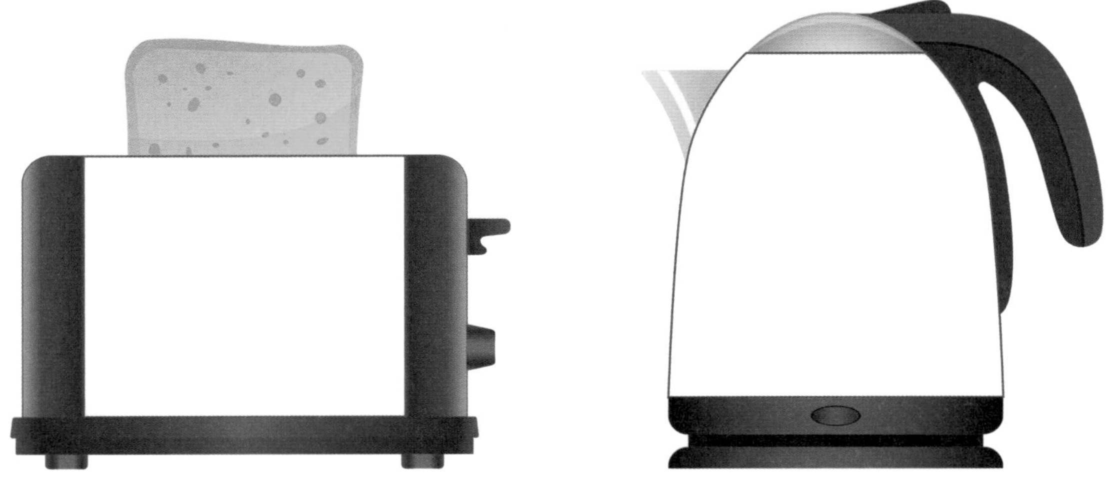

0000
0000

15 없는 수를 찾아봐요

없는 수 찾기

수리력

31~43의 수가 있어요. 없는 수 한 개를 찾아보세요.

31 32 33 34

35 36 37 38

39 41 42 43

정답에 15를 더하면 얼마인가요?

명언 명상
동영상

명언 명상은 자연의 소리와 함께
명언을 들으며 두뇌를 휴식하는 명상입니다.
방 안의 불을 켜면 어둠은 자연히 일시에 사라지듯,
명언을 3번 반복해서 듣는 동안 마음은 밝아지고, 편안해집니다.
명상을 하면 뇌파는 알파파, 세타파로 변하여
통찰력, 기억력 등 모든 두뇌의 능력이 향상됩니다.

명상하기

1

편안한 자세로 척추를 펴고 앉습니다.
허리와 어깨의 긴장을 풀어 봅니다.
앉는 자세가 힘드신 분은 눕거나
기대셔도 좋습니다. 누워서 하시는 분은
잠들지 않도록 유의합니다.

2

고개를 앞, 뒤, 좌우로 천천히 돌려
목의 긴장을 풉니다. 눈을 살며시 감고,
눈썹과 눈썹 사이 미간의 긴장을
풀어 봅니다.

3

온몸을 편안하게 이완하는 심호흡을
해 봅니다. 코로 숨을 깊이 들이쉬고,
입으로 숨을 천천히 내쉽니다.
코로 숨을 들이쉴 때는 아랫배가 나오고,
입으로 숨을 내쉴 때는 아랫배가
들어갑니다. 3번 반복합니다.
심호흡 후엔 자연스럽게 호흡합니다.

4

자연의 소리와 함께 명언을 들으며
휴식해 봅니다. 명언을 들을 때
잡념으로 인해 집중되지 않더라도
상관하지 않습니다. 알아차리는 순간,
다시 명언을 듣는 데 집중할 뿐 따로
생각을 없애려 하지 않습니다.

5

명언을 기억하려 노력하지 않아도 됩니다. 3번 반복을 통해 지혜는 밝아지고, 자연히 두뇌가 휴식합니다.

처음엔 하루 1개의 명언 명상도 좋습니다. 내가 부담 없이 편안히 할 수 있는 시간부터 조금씩 늘려 갑니다. 한 번에 긴 시간을 불규칙적으로 하기보다 매일 짧은 시간이라도 규칙적으로 하는 것이 더 효과적입니다.

오늘의 명언

교만은 패망의 선봉이요
거만한 마음은 넘어짐의 앞장이다.
교만이 오면 욕도 오거니
겸손한 자에게는 지혜가 있느니라.

- <잠언>

교재와 함께 즐기는
〈탑클래스 두뇌발전소〉 유튜브 두뇌 건강 게임

두뇌 건강을 증진하고 인지 능력을 고루 발달시키는
다양한 두뇌게임 모음

짧은 시간 안에 두뇌의 복합적 능력을 향상시키는
다양한 두뇌게임 심화버전 모음

1 지금 있는 곳을 말해 봐요

장소인지력

저는 매일 건강을 위해 산책을 합니다. 오늘은 마을 둘레길을 따라 걷고, 방금 집으로 돌아왔어요.

지금 내가 있는 곳: ______________________

2 조각을 찾아 퍼즐을 완성해 봐요

퍼즐 맞추기

공간지각력

멋진 궁전에 예쁜 꽃이 많이 피었어요. 가려진 부분에 들어갈 조각은 몇 번인가요?

3 숨은 그림을 찾아봐요

숨은 그림 찾기

문어, 홍합, 멸치 등 다양한 해산물이 많이 있어요. 아래 그림과 같은 해산물들을 오른쪽 페이지에서 찾아 ○해 보세요.

4 숨은 낱말을 찾아봐요

낱말 찾기

언어력

푸르고 시원한 풍경 속에 네 글자 낱말 한 개가 숨어 있어요. 음식 이름 낱말 한 개를 찾아 써 보세요.

탕 냉 주

오 육 겉

이 한 국

음식 이름: ______________________

5 수를 순서대로 짚어 봐요

1~12의 수가 있습니다. 작은 수부터 순서대로 빠른 시간 내에 짚어 보세요.

6 다른 그림을 찾아봐요

다른 그림 찾기

집중력

반짝반짝 멋진 금빛 보석함이 많이 있어요. 다른 그림 두 개를 찾아 ○해 보세요.

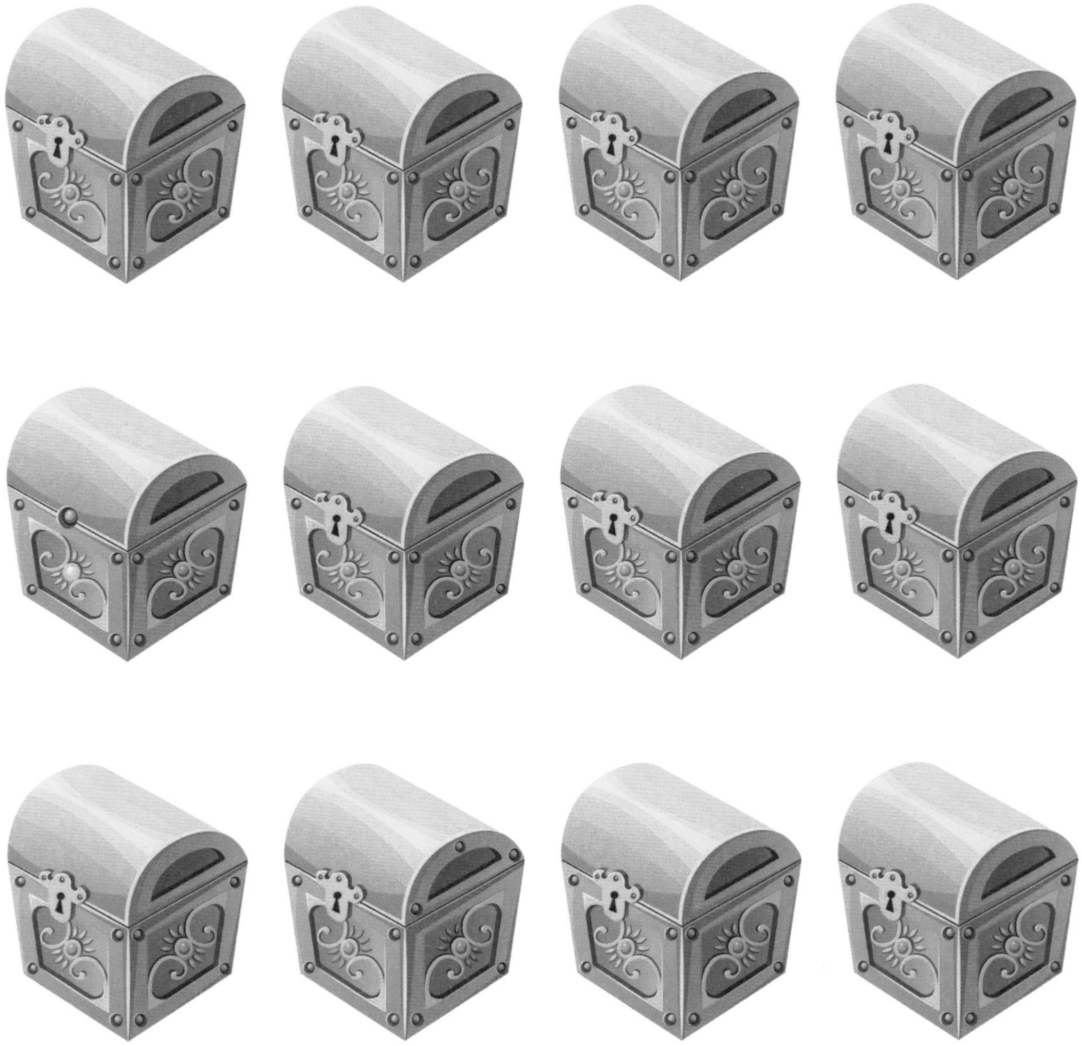

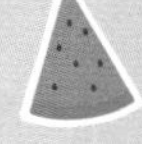

그림 속 보석함에는 어떤 물건들이 들어 있을까요? 상상한 대로 말해 봐요.

7 자세히 관찰하고 기억해 봐요

관찰 퀴즈

기억력

아래 그림을 잘 관찰해 주세요. 뒷장에 퀴즈가 있습니다.

건강삼계탕

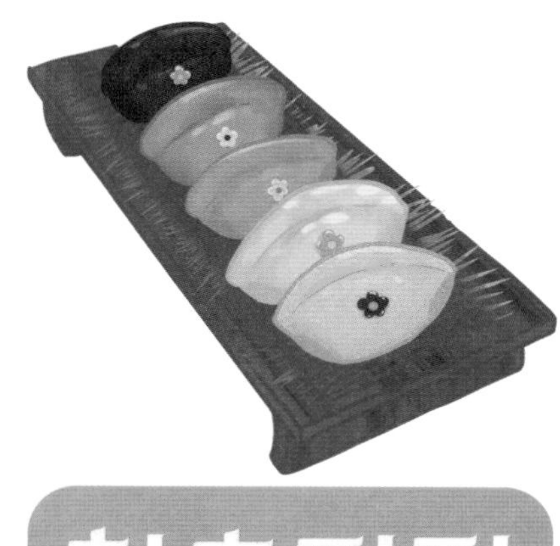

청춘떡집

맛나분식

명인냉면

40초가 지났어요. 천천히 페이지를 넘겨 보세요.

7 관찰한 것을 기억해 봐요

퀴즈 앞서 관찰한 가게 이름이 바르게 표시된 것은 어느 것인가요?

① 명가냉면

② 만나분식

③ 청춘떡집

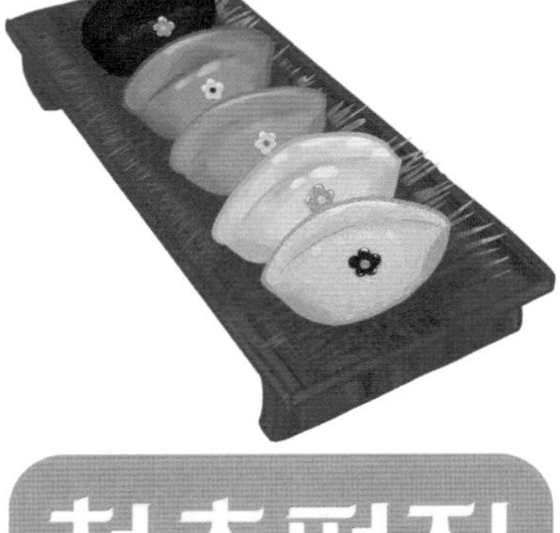

④ 건장삼계탕

낱말 추리

8 첫 글자를 보고 낱말을 맞혀 봐요

언어력

'지'로 시작하는 낱말 3개를 적어 보세요.

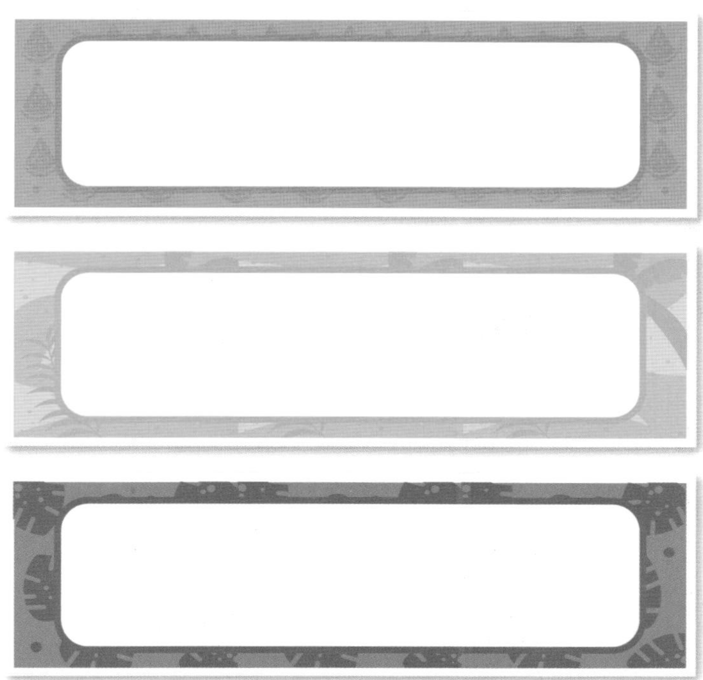

'상'으로 시작하는 낱말 3개를 적어 보세요.

같은 그림을 찾아봐요

집중력

모양도 예쁘고 시원하고 맛있는 다양한 빙수가 많이 있어요.
같은 그림 두 개씩 두 쌍을 짝지어 보세요.

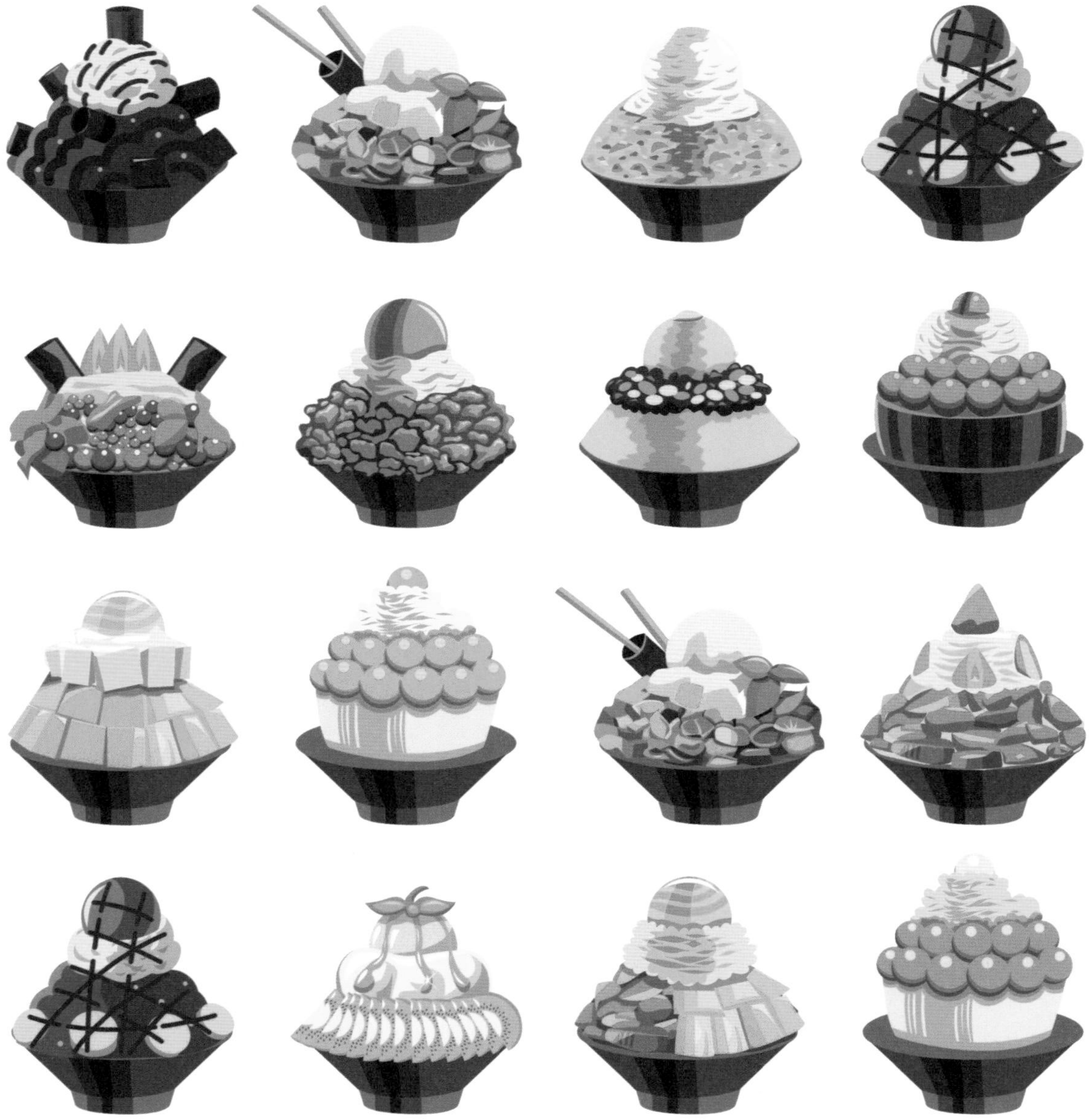

10 숨은 낱말을 찾아봐요

멋진 석양 속에 낱말 한 개가 숨어 있어요. 꽃 이름 낱말 한 개를 찾아 써 보세요.

꽃 이름: ______________________

11 서로 다른 곳을 찾아봐요

서로 다른 곳 찾기

시끌벅적 바닷속에서 재밌는 축제가 열릴 예정이에요.
서로 다른 세 곳을 찾아 ○해 보세요.

오른쪽 그림에서 거북이와 해마의 수를 합한 뒤, 불가사리 수를 빼면 얼마인가요?

길을 따라 순서대로 계산하여 빈칸을 채워 보세요.

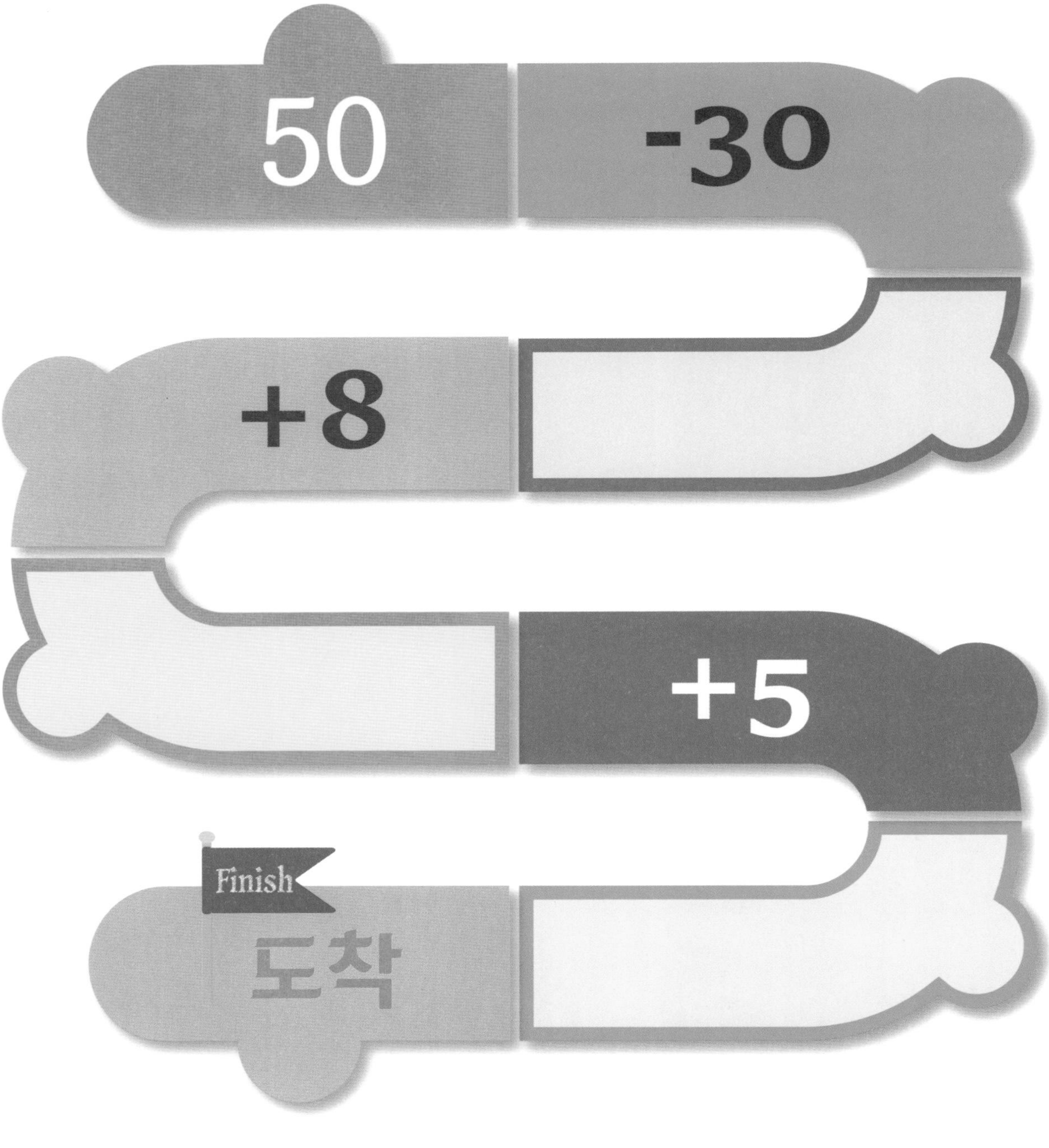

50

-30

+8

+5

Finish

도착

13 순서대로 기억해 봐요

순서 맞히기

기억력

아래 그림과 순서를 잘 관찰하여 기억해 주세요. 뒷장에 퀴즈가 있습니다.

40초가 지났어요. 천천히 페이지를 넘겨 보세요.

퀴즈 앞서 관찰한 그림을 순서대로 잘 배열한 것은 어느 것일까요?

①

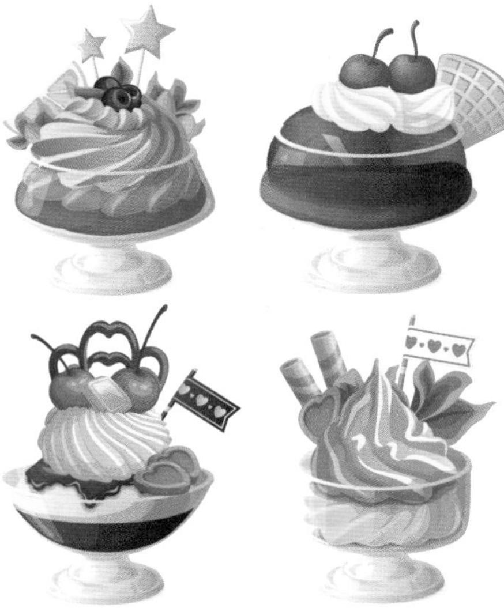

②

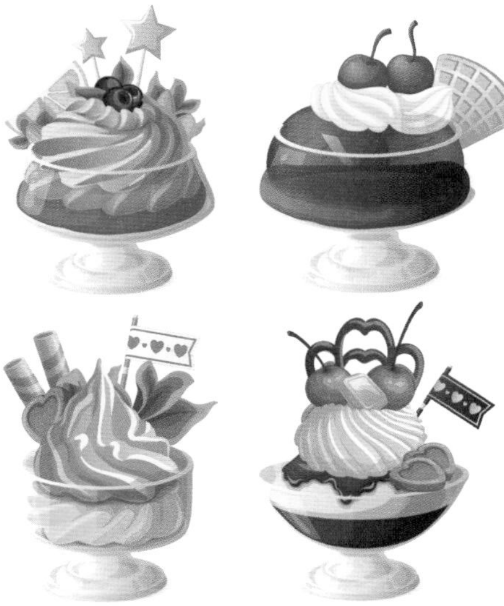

③

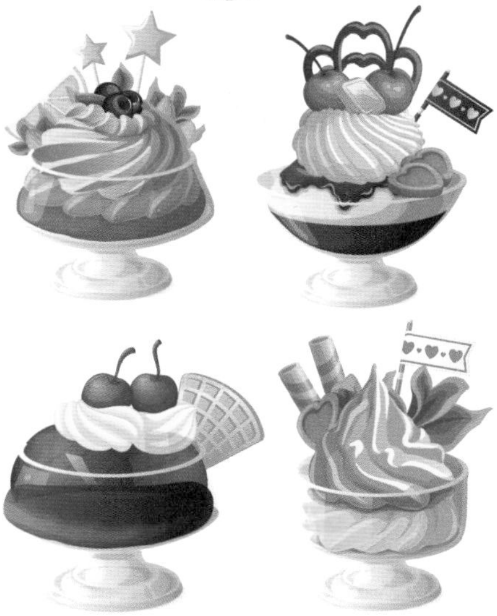

④

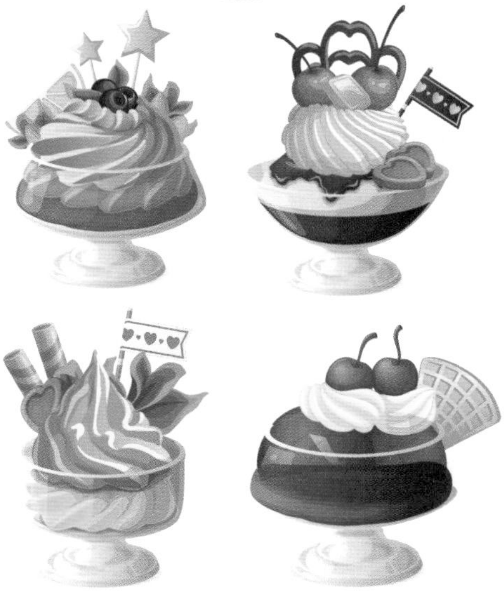

14 초성을 보고 낱말을 맞혀 봐요

여름과 관계되는 두 가지 낱말의 초성이 있어요. 아래 글자를 보고 여름과 관계되는 낱말을 맞게 써 보세요.

ㅂㅇ식

ㅂ ㅇ 식

ㅇㅇㅊㅇ

이 ㅇ ㅊ ㅇ

15 숨은 그림을 찾아봐요

● 알록달록 신기하게 생긴 가면들이 많이 있어요. 아래 그림과 같은 가면을 오른쪽 페이지에서 찾아 ○해 보세요.

●● 아래 그림은 어떤 것의 일부인지 해당하는 가면들을 오른쪽 페이지에서 찾아보세요.

명언 명상
동영상

명언 명상은 자연의 소리와 함께
명언을 들으며 두뇌를 휴식하는 명상입니다.
방 안의 불을 켜면 어둠은 자연히 일시에 사라지듯,
명언을 3번 반복해서 듣는 동안 마음은 밝아지고, 편안해집니다.
명상을 하면 뇌파는 알파파, 세타파로 변하여
통찰력, 기억력 등 모든 두뇌의 능력이 향상됩니다.

명상하기

1

편안한 자세로 척추를 펴고 앉습니다. 허리와 어깨의 긴장을 풀어 봅니다. 앉는 자세가 힘드신 분은 눕거나 기대셔도 좋습니다. 누워서 하시는 분은 잠들지 않도록 유의합니다.

2

고개를 앞, 뒤, 좌우로 천천히 돌려 목의 긴장을 풉니다. 눈을 살며시 감고, 눈썹과 눈썹 사이 미간의 긴장을 풀어 봅니다.

3

온몸을 편안하게 이완하는 심호흡을 해 봅니다. 코로 숨을 깊이 들이쉬고, 입으로 숨을 천천히 내쉽니다. 코로 숨을 들이쉴 때는 아랫배가 나오고, 입으로 숨을 내쉴 때는 아랫배가 들어갑니다. 3번 반복합니다. 심호흡 후엔 자연스럽게 호흡합니다.

4

자연의 소리와 함께 명언을 들으며 휴식해 봅니다. 명언을 들을 때 잡념으로 인해 집중되지 않더라도 상관하지 않습니다. 알아차리는 순간, 다시 명언을 듣는 데 집중할 뿐 따로 생각을 없애려 하지 않습니다.

5

명언을 기억하려 노력하지 않아도 됩니다. 3번 반복을 통해 지혜는 밝아지고, 자연히 두뇌가 휴식합니다.

6

처음엔 하루 1개의 명언 명상도 좋습니다. 내가 부담 없이 편안히 할 수 있는 시간부터 조금씩 늘려 갑니다. 한 번에 긴 시간을 불규칙적으로 하기보다 매일 짧은 시간이라도 규칙적으로 하는 것이 더 효과적입니다.

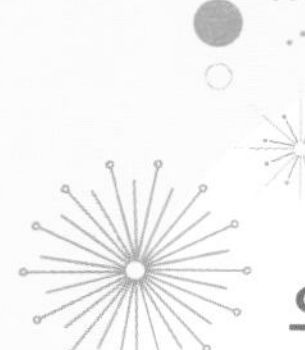

오늘의 명언

젊은 시절은 다시 오지 아니하고,
하루에 새벽은 두 번 오지 않는다.
때가 되었을 때 마땅히 노력해야 하니,
세월은 사람을 기다려 주지
않기 때문이다.

- 도연명(陶淵明)

정답 1주

2
① 2835
② 2853
③ 5823
④ 5832

3
수박
딸 자 수
숭 복 플
파 박 인

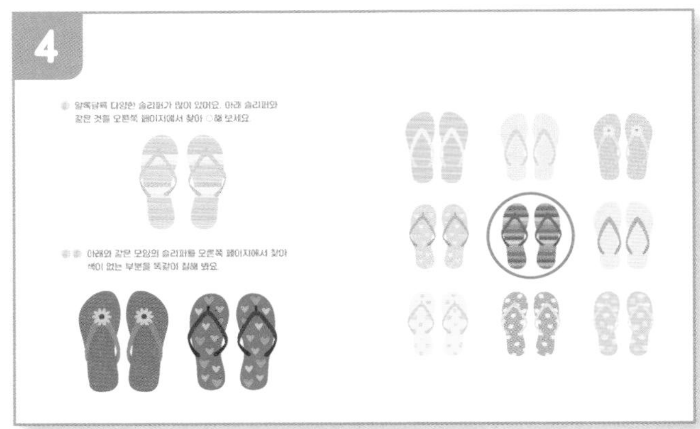
4

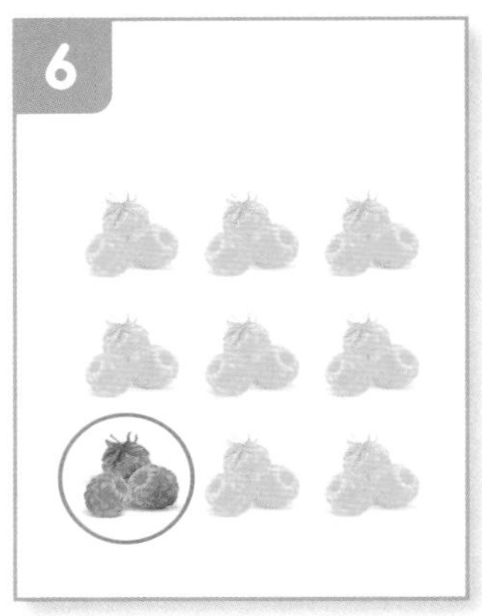
6

7
감자
오이
감 자
오 이

8

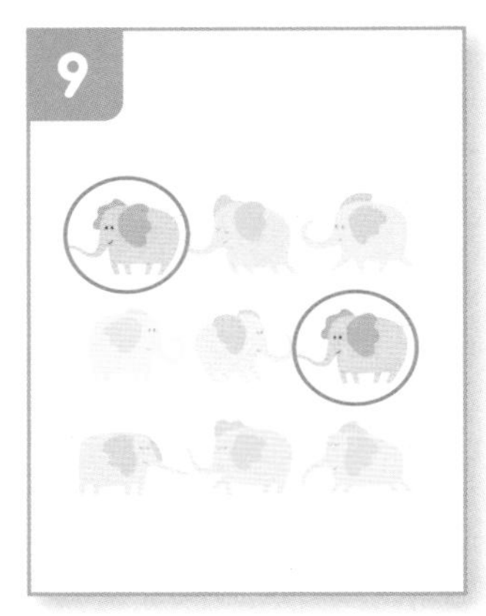
9

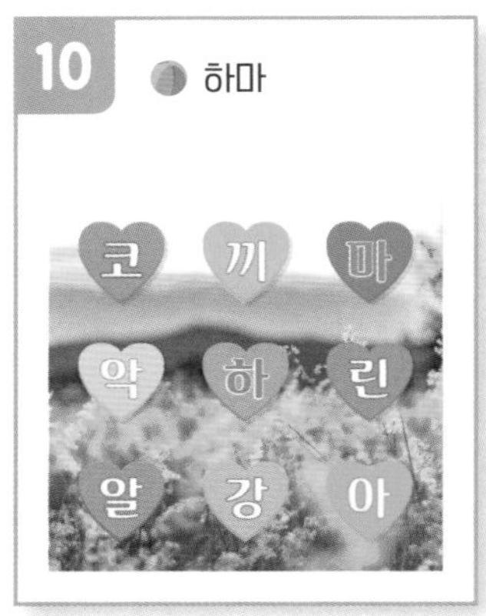
10
하마
코 끼 마
악 하 린
알 강 아

11
1 118,500원
2 6장

12
파리
모기
파 리
모 기

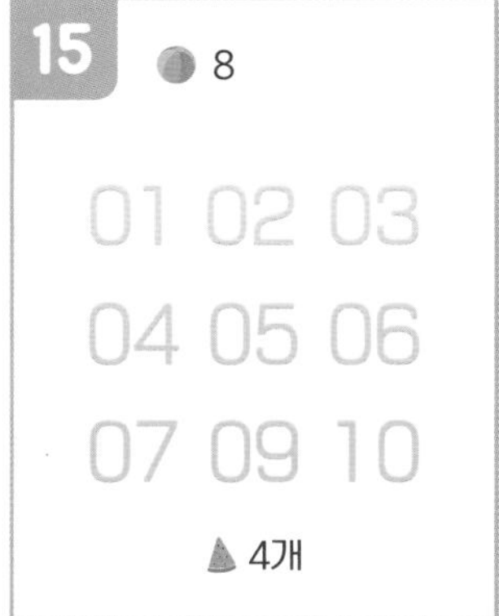
15
8
01 02 03
04 05 06
07 09 10
4개

13
진달래, 장미 등

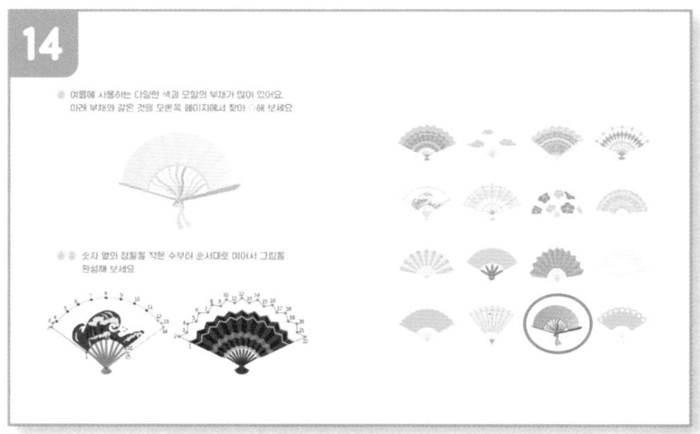
14

정답 2주

2
①
②
③
④

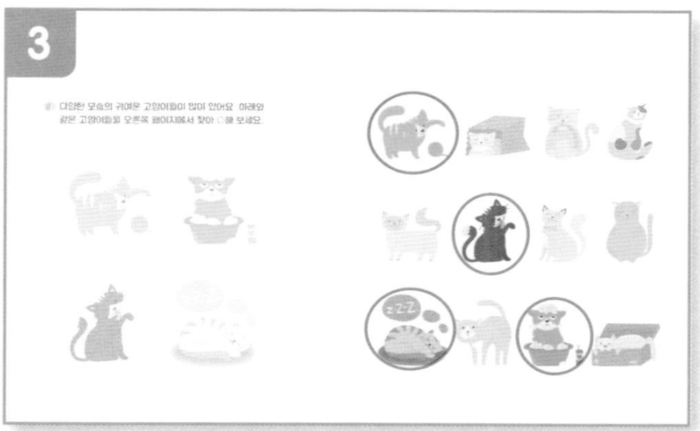
3

4
삼계탕
늘
꼬
판
삼
박
이
계
라
탕

6
부채, 선풍기, 에어컨 등

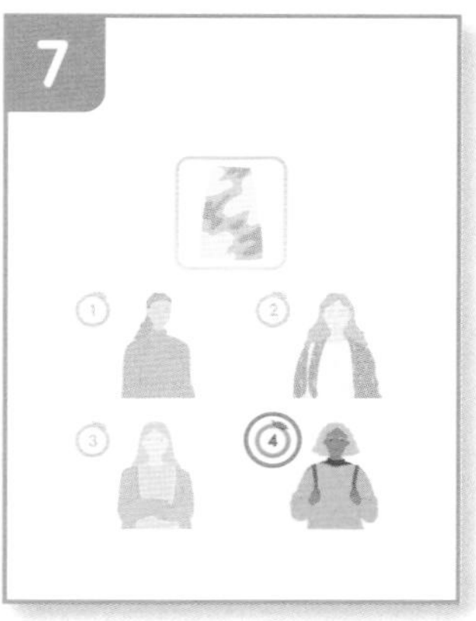
7
①
②
③
④

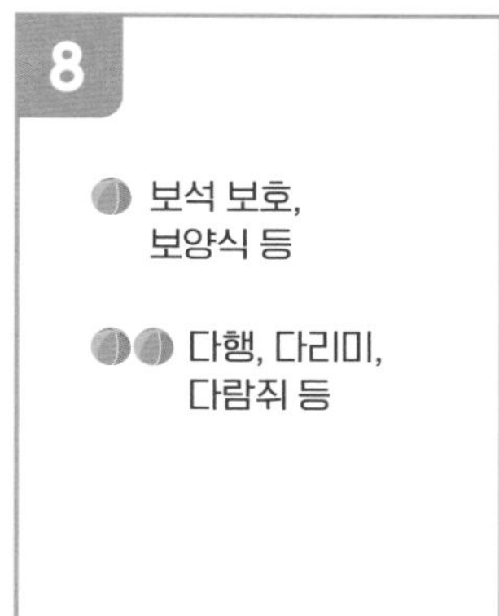
8
보석 보호,
보양식 등
다행, 다리미,
다람쥐 등

9

10
메뚜기
사
기
송
라
귀
메
뚜
매
뎅

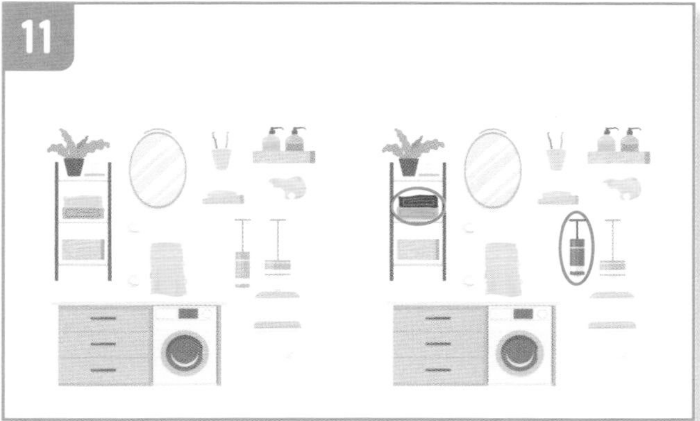
11

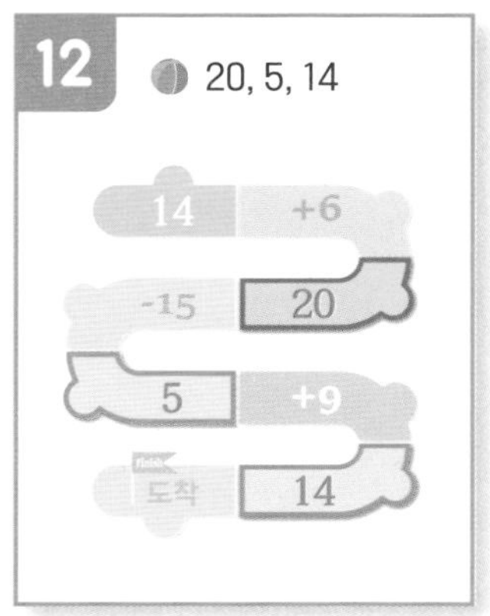
12
20, 5, 14
14
+6
-15
20
5
+9
도착
14

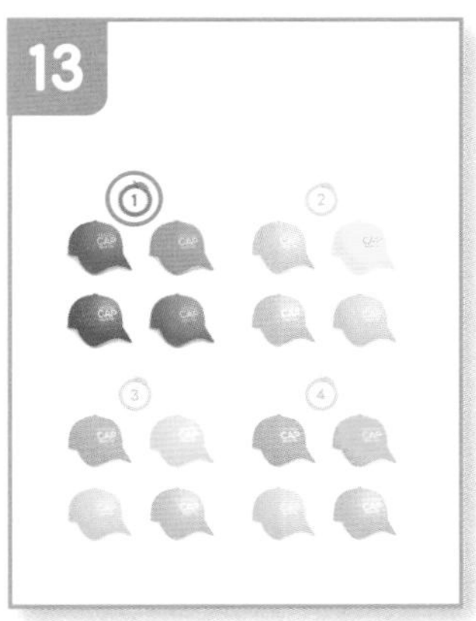
13
①
②
③
④

14
폭염
무더위
폭 염
무 더 위

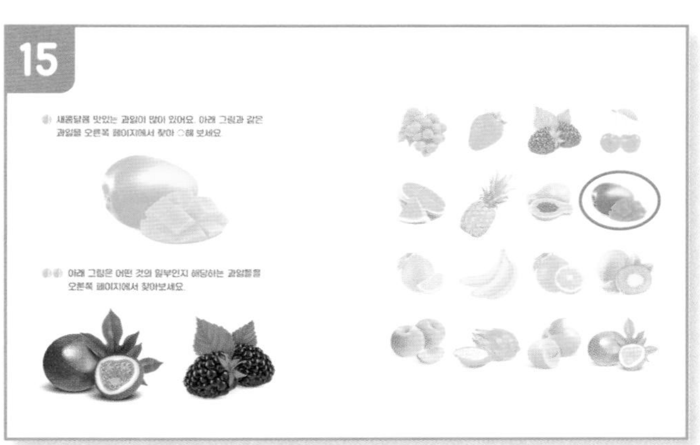
15

정답 3주

2

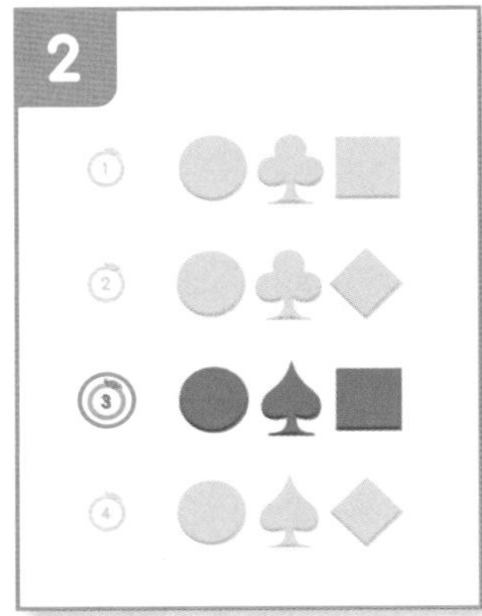

3 선풍기

4

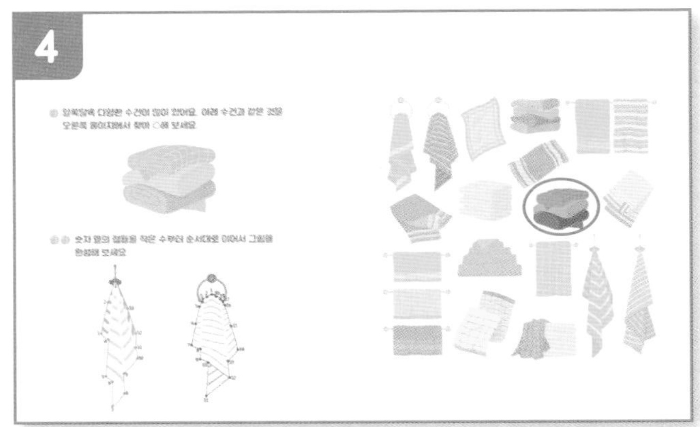

6

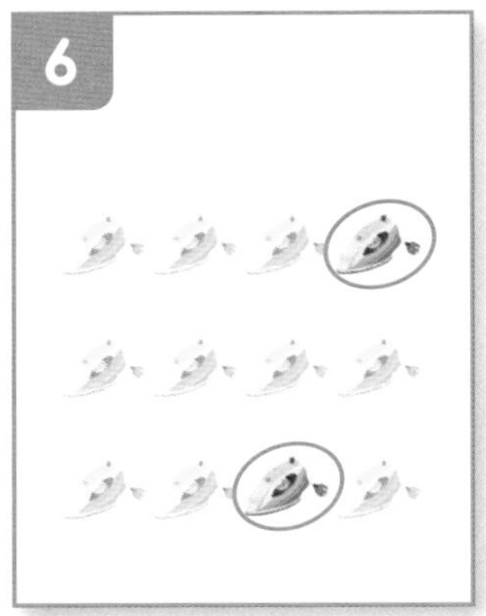

7 장미 채송화

8

9

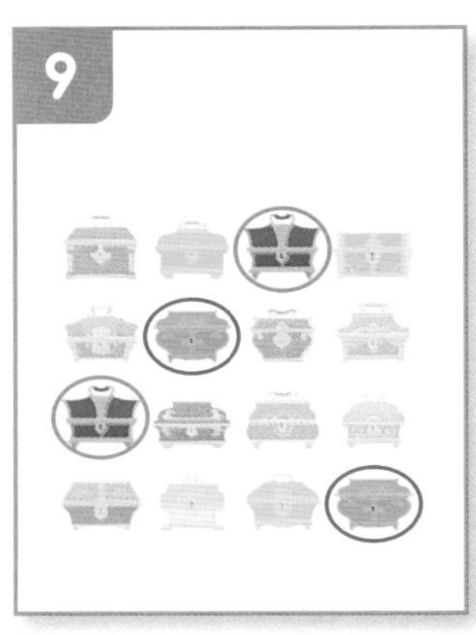

10 봉선화

11 5장

12 기차 자전거

15 40

55

13 4잔

14

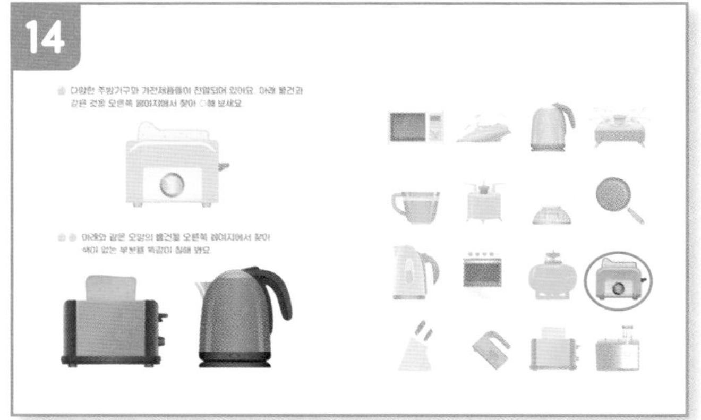

정답 4주

2

3

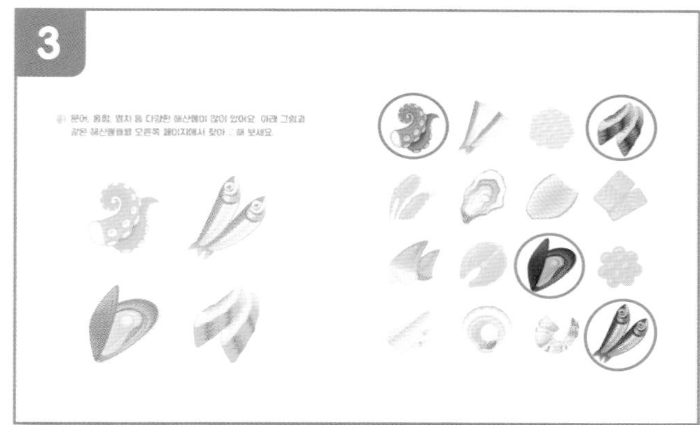

4 ◐ 오이냉국

6

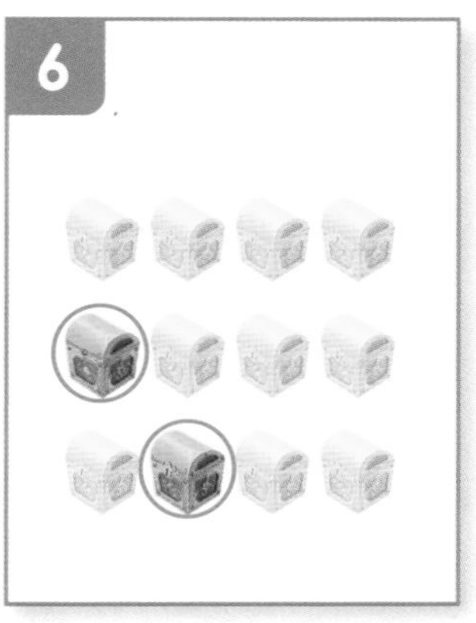

7

8

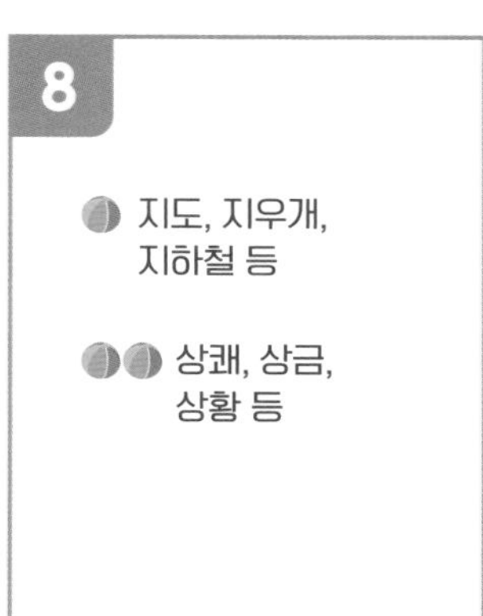

◐ 지도, 지우개, 지하철 등

◐◐ 상쾌, 상금, 상황 등

9

10 ◐ 해바라기

11 ◐◐ 3(2+2-1=3)

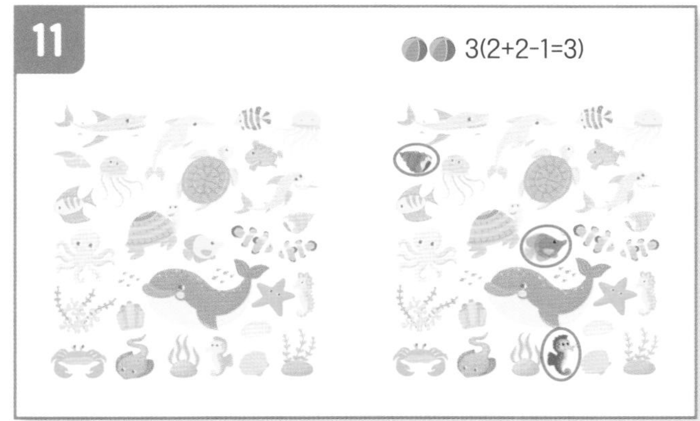

12 ◐ 20, 28, 33

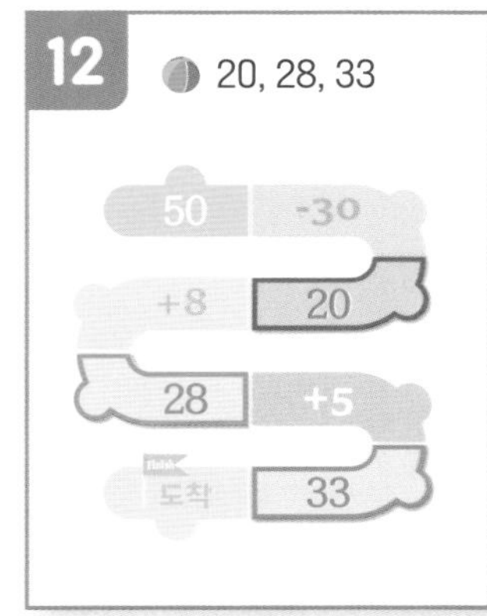

13

14 ◐ 보양식 이열치열

15

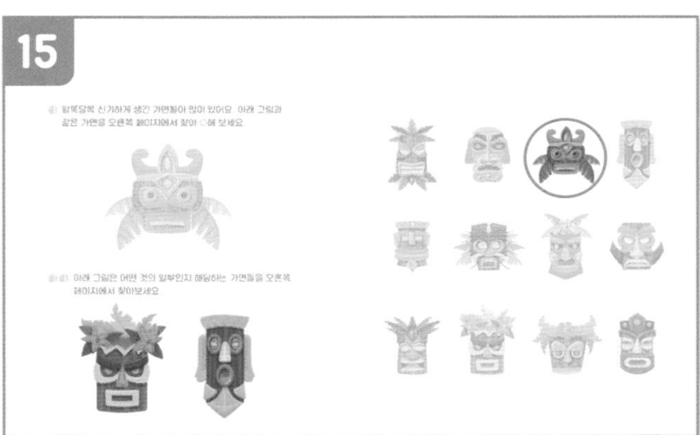

참고 자료

<가장 쉬운 탑클래스 치매예방 첫걸음 1, 2> 탑클래스 두뇌발전소 지음, 동양북스, 2022
<뇌내혁명> 하루야마 시게오 지음, 오시연 번역, 중앙생활사, 2020
<당신이 플라시보다> 조 디스펜자 지음, 추미란 번역, 샨티, 2016
<스트레스의 힘> 켈리 맥고니걸 지음, 신예경 번역, 21세기북스, 2015
<왓칭1> 김상운 지음, 정신세계사, 2011
<늙는다는 착각> 엘렌 랭어 지음, 변용란 번역, 유노북스, 2022
<미라클> 이송미 지음, 비타북스, 2020
<마음의 기적> 디팩 초프라 지음, 도솔 번역, 황금부엉이, 2018
<치매예방을 위한 두뇌성형> 권준우 지음, 푸른향기, 2020
<치매 쇼크 치매 혁명> KBS 생로병사의 비밀 제작팀 지음, 에이엠스토리, 2021
<유대인 생각 사전> 김영환 지음, 행북, 2018
<인디언의 지혜와 잠언> 다봄편집부 지음, 다봄, 2020
<명언의 탄생> 김옥림 지음, 팬덤북스, 2014
<고전명언 마음수업> 임성훈 지음, 스노우폭스북스, 2021
<명언으로 읽는 100명의 인생철학> 김옥림 지음, 창작시대사, 2022
<아들에게 전해주는 인생 명언 365+1> 윤태진 지음, 다연, 2022
<바로보인 도가귀감> 휴정 서산대사 지음, 대원 문재현 선사 역저, 문젠, 2017
<바로보인 유가귀감> 휴정 서산대사 지음, 대원 문재현 선사 역저, 문젠, 2017

https://www.onday.or.kr/wp/?cat=3 (따뜻한 하루 감성편지)
https://blog.naver.com/utimegps/70008004901

인지건강을 위한 두뇌 훈련 _ 여름편 1

초판 인쇄 | 2025년 5월 23일
초판 발행 | 2025년 6월 2일
지은이 | 탑클래스 두뇌발전소 · 대한치매협회
발행인 | 김태웅
기획 | 김귀찬
편집 | 유난영
디자인 | 디자인플러그
마케팅 총괄 | 김철영
온라인 마케팅 | 김은진
제작 | 현대순
발행처 | (주)동양북스
등 록 | 제 2014-000055호
주 소 | 서울시 마포구 동교로22길 14 (04030)
구입 문의 | 전화 (02)337-1737 팩스 (02)334-6624
내용 문의 | 전화 (02)337-1763 이메일 dymg98@naver.com

ISBN 979-11-7210-928-8 (03690)

http://www.dongyangbooks.com